Meditación

Tu manual de atención plena: cómo reducir el estrés, encontrar la felicidad y encontrar la paz

(La técnica de meditación más simple y poderosa)

Saturnino Blazquez

TABLA DE CONTENIDOS

Meditación Sobre Reiki Para La Sanación 1
Alimentos Conscientes 15
Conclusión 22
Mejora El Bienestar Del Corazón 25
Tipos De Meditación 30
El Nuevo Enfoque De Liderazgo 58
Libro V 77
Meditación Y Atención Plena 98
La Devoción A La Meditación 110
¿Cómo Podemos Incorporar La Meditación En Nuestra Vida Diaria? 119
¿Cuál Es El Significado De La Meditación Trascendental? 128
La Ciencia Investiga Las Ventajas De La Meditación Trascendental. 132
Metodología De Meditación Trascendental 137
Meditaciones De Gratitud Para Principiantes 168
Escalera En Cielo 173
¿Cuál Es La Definición De Meditación? 186

Meditación Sobre Reiki Para La Sanación

En ocasiones, no siempre nos damos cuenta de cómo el estrés y la ansiedad pueden causar que nuestro cuerpo se desajuste. Podría ser beneficioso para esta meditación elegir un lugar específico de tu cuerpo que necesite sanar y colocar tus manos sobre ese lugar. ¿Desconectas tu cuerpo y te sientes desconectado? Puede ser beneficioso colocar las manos suavemente dobladas sobre su estómago. ¿Tienes un pasado romántico difícil y una historia de amor dolorosa? Puede poner sus manos en su corazón. ¿Es tu mente lo que te ha causado tanto dolor? Podría ayudarte a sanar poniendo una mano en tu frente.

Haga lo que haga, mantenga tu cuerpo libre y ligero y lejos de cualquier cosa que pueda hacerte sentir limitado. Permite que los pensamientos fluyan libremente por tu mente como si fueran tuyos mientras inspira y espira.

Inspira uno, dos, tres, cuatro y cinco, mientras que exhala cinco, cuatro, tres, dos y uno.

Mantenga su mente libre de cualquier pensamiento distrayente. No te concentres demasiado en la sanación. Este es un proceso natural que ocurrirá en todo tu cuerpo, por lo que debes concentrarte en la relajación tanto como sea posible. Hacer una cuenta atrás desde el número veinte. Entrarás en esta meditación cuando lleguemos an uno.

Inhale cinco veces y exhale cinco veces. Tienen diecinueve años, dieciocho, diecisiete años, dieciséis años, quince años, catorce años, trece años, doce años, once años, nueve años, ocho años, siete años, seis años, cinco años, cuatro años, tres años, dos años y uno.

Además de los colores que te rodean en la tierra, tienes diferentes colores dentro de ti. Abre los ojos y imagina que estás flotando en un estanque tranquilo.

Estás simplemente flotando allí sin nada que te limite. El agua tiene una temperatura ideal y no es demasiado profundo. Es casi como tomar un baño fresco. Estás completamente solo y no hay nadie alrededor. contra la pared de un acantilado al final del estanque. La cascada es suave. Cuando el sol comienza a ponerse, esta cascada refleja la hermosa luz. Miras sobre ti y notas que mientras pasa del día a la noche, puedes ver rayas rojas, naranjas y amarillas en el cielo. Inspira y exhala, inspira y exhala. Cada uno de tus chakras tiene su propio color. Tienes que sanar este color para poder crecer por completo del dolor que has experimentado en tu vida. Todos tenemos cosas que bloquean nuestros chakras. Aunque ya te hemos ayudado a desbloquearlos, ahora nos concentraremos en asegurarnos de que sientas la vibración de esos colores en cada chakra. Cada chakra, desde la raíz hasta la parte superior, tiene su propio color. El chakra raíz es de color rojo y el chakra corona es de color púrpura. Dentro de ti, el arco iris existe y mantiene una mezcla armoniosa. Comencemos con el rojo. Mientras flotas por agua suave, miras al cielo y ves que las áreas más cercanas al sol son las más rojas. En tu chakra raíz, este rojo se quema.

Este rojo golpeará fuerte cuando no te sientas bien y estés luchando con las necesidades básicas que rodean tu supervivencia. Es como una señal de alarma. Es similar an una herida profunda. El rojo se filtra por todo tu cuerpo. Este rojo se convierte en algo más positivo a medida que empiezas a curarte. Cuando se pone el sol, este rojo se convierte en un color tranquilo y pacífico, muy parecido a los profundos y oscuros tonos rosados del cielo. Esto te hace sentir muy tranquilo y cálido. Te envuelve como una manta suave. Este rojo se vuelve más suave ahora. Silencias algo de ese rojo ardiente y alarmante que inspira. Deja que este rojo se envuelva más en paz mientras exhala.

Inspira y exhala, inspira y exhala. Subimos hasta nuestro chakra sacro anaranjado, que simboliza tu sexualidad. Este naranja evoca la vitalidad. Cuando esta parte de tu centro de placer se bloquea, es como un grano de mostaza o una naranja empapada. No es un color cálido. Libere este tipo de chakra ahora.

Deje que esta energía se cure desde el interior hacia el exterior. En este momento, te estás relajando cada vez más. Se siente que el color naranja pasa de ser algo turbio an un color más suave.

Inspira y exhala, inspira y exhala. Deje que se cure. Permita que te relajes. Tienes la impresión de que este naranja te envuelve como lo hizo el rojo. Es como una suave manta que te alivia del interior al exterior. Ahora, sube al chakra del plexo solar. Esto es como un vibrante amarillo. Cuando esto falla, te mantiene en un lugar donde ese naranja te pica como una quemadura. El sol amarillo nos ilumina.

El sol puede causar daño cuando está demasiado caliente. Te da vida cuando está bien. Deja que este amarillo duro y vibrante se transforme en un color calmante y tranquilo que fluye por tu cuerpo. Puedes comenzar a sentirte curado desde tu plexo solar hasta tu chakra raíz. Observa cómo estos colores funcionan bien juntos para darte una sensación general de alivio. Sientes profundamente que ya no es una urgencia ardiente. En este momento, es cálido y relajante. Empezamos an entrar en los colores más fríos al subir.

Aquí es donde el verde entra en juego. Mientras estás en este cálido estanque, ya no estás mirando el cielo. Comienzas a darse cuenta de toda la vida verde en tu entorno. Podemos pensar en el rojo cuando pensamos en el amor y en nuestros corazones. Podemos asociarlo con el día de San Valentín o cualquier otra cosa que tenga que ver con el amor. Necesitamos reconocer que una energía verde está emergiendo del centro. Las plantas que nos rodean representan la energía verde. Es la energía que existe en las formas de vida que nos ayuda an avanzar en este gran viaje en el que estamos viviendo. Toda esa energía roja, naranja y amarilla del sol es absorbida por las hojas verdes. El consumo de alimentos verdes ayuda a nutrir nuestros cuerpos.

Observa todo el verde que te rodea e inspíralo. Puede que no estés recibiendo suficiente energía verde en tu vida si te sientes desconectado de tu corazón. Déjate rodear por las plantas hermosas e impresionantes. El chakra del corazón necesita ser sanado para maximizar su poder. Respira y exhala, tanto dentro como fuera. Es una inspiración para la bondad verde. Suelta ese verde desagradable en tu corazón. Este color tranquiliza. Esta energía te alimenta y te llena de vida.

Desde el chakra del corazón, avanzamos hacia nuestra garganta. Aquí es donde brilla el azul. El azul representa tu autoexpresión. Observa los últimos fragmentos de azul que pueden quedar mirando hacia el cielo. Son los que están más lejos del sol. Es un lugar más tranquilo y relajado donde están. Esto debería ser el método para curar el chakra de la garganta. La comunicación debe existir en un ambiente tranquilo y pacífico.

Debes poder sentir y compartir tus sentimientos con otras personas. La cascada que te rodea es azul. Cuando absorbes todo lo que te rodea, ves una mezcla de colores en esta cascada. El agua está llenando el estanque, lo que lo hace un lugar tranquilo para flotar.

Este azul es tu expresión. El azul representa la verdad. Siempre tendremos que aceptar que el cielo es azul. Esto es algo que siempre será un recordatorio y constante. El aire que respiras es azul. Ayuda a llevar aire a tu cuerpo para llenar tus pulmones y alimentar a todo tu cuerpo de manera adecuada.

El tercer ojo se encuentra al avanzar a través de tus chakras. Este púrpura es como la creatividad, que te da la intuición necesaria para sobrevivir y prosperar. Este chakra púrpura ayuda a mezclar el resto de los colores. Ahora miras la cascada, y a medida que el sol se pone más profundo, más púrpura surge del reflejo del agua en el estanque. Inhale profundamente este hermoso púrpura y expulse cualquier color desagradable que haya quedado atrás. A veces, cuando todos los colores se combinan, pueden crear un marrón sucio, pero también pueden formar un arco iris. Concéntrate ahora en la mezcla que hay dentro de ti en lugar de cualquiera de los colores asquerosos que se queden.

Tu chakra de la corona está finalmente en la parte superior de tu cabeza. En este punto, descubrirás que es un vibrante púrpura parecido an un rosa. Es una combinación ideal de azules cálidos y rojos calientes que contribuyen a la persona hermosa que eres. Respira alegría y optimismo. Inspira todas las emociones y sentimientos positivos. Apártate de estos colores obsoletos y nocivos. Deja de lado todo lo que ha estado brindando a tu cuerpo algo menos que tranquilidad. Te mereces estar tranquilo y contento. Ahora te sientes mejor con estos colores. Observa cómo sientes esta armonía desde la raíz de tus chakras hasta la corona que rodea tu cabeza. Estás absolutamente contento. Estás tranquilo y sereno. Cuando combinas estos colores, eres la hermosa persona que eres. A medida que te acostas y miras alrededor de este hermoso estanque, que la naturaleza te alimenta, comienzas a comprender cuán común y fácil es ver todos los colores del mundo. Todos estos colores están dentro de ti y a tu alrededor. Dentro y fuera, dentro y fuera, inspira y espira.

Recuerda la mezcla de colores que necesita regular cuando algo se sienta bloqueado o desafinado. Siempre revise estos varios chakras y note un arco iris saludable dentro de ti. Deshazte de los tonos oscuros y reemplazalos con los tonos calmantes que necesitas para tu alineación. Concéntrate siempre en tu respiración y recuerda que la belleza que existe a tu alrededor también es la que te ha creado.

Para crear una sensación de estabilidad energética dentro de ti, asegúrate de que todos estos colores estén en un equilibrio armonioso. Aproveche estos tonos según sea necesario y recuerda concentrarte en curar todo tu cuerpo.

Puede recordar resolver un chacra bloqueado de una manera saludable y armoniosa.

Concéntrate nuevamente en el aire mientras viajas dentro y fuera de tu cuerpo. Inspira uno, dos, tres, cuatro y cinco, mientras que exhala cinco, cuatro, tres, dos y uno. Tienes un gran poder y puedes hacer cualquier cosa. Serás capaz de lograr cualquier cosa que te propongas porque has desbloqueado las poderosas energías que existen dentro de ti.

Hacer una cuenta atrás desde el número veinte. Cuando lleguemos an uno, puedes elegir entre continuar con tu día o pasar an un estado de sueño. Para obtener una cura completa, repite esta meditación según sea necesario.

Inspira cinco veces y exhala cinco veces. Tienen diecinueve años, dieciocho, diecisiete años, dieciséis años, quince años, catorce años, trece años, doce años, once años, nueve años, ocho años, siete años, seis años, cinco años, cuatro años, tres años, dos años y uno.

Alimentos Conscientes

Una de las partes más importantes de tu nuevo y saludable estilo de vida será la alimentación consciente. ¿Cuántas veces has sentado frente al televisor y has consumido todo un paquete de galletas o una bolsa de patatas fritas sin darse cuenta?

De vez en cuando empacamos comida para llevar al trabajo o a la escuela, simplemente para distraernos más. Cuando podemos mirar lo que estamos comiendo, con frecuencia nos damos cuenta de que estamos mucho más llenos de lo que pensamos sin tener que comer una cantidad enorme de comida.

El consumo compulsivo y excesivo puede arruinar un plan de pérdida de peso. Si no tenemos cuidado con lo que permitimos que entre en nuestra boca, puede provocar un mal comportamiento que nos lleve al lugar del que estábamos tratando de salir en primer lugar. La práctica de la meditación puede ayudar a las personas an adoptar una dieta más consciente.

Al practicar esta meditación sobre la alimentación consciente, te darás cuenta de que puede ser mucho más fácil ser consciente de cómo comemos para que podamos lograr la pérdida de peso que deseamos. Para obtener el mejor resultado, practique esta meditación en un lugar seguro y en más de una ocasión.

Meditación para comer de manera consciente

Esta meditación se centrará en comer con cuidado. Después de haberlo completado una vez, incluso puede probar esto mientras come. Usarlo para guiarte a través de la meditación, escucha esto directamente o repite el guión con tu propia voz. Cuando estés listo, encuentra una posición cómoda y comienza. Deja que estos pensamientos fluyan naturalmente por tu mente, como si estuvieras hablando de ellos.

Cada respiración que entra y sale de mi cuerpo es perceptible para mí. Estoy muy atento a mi respiración. Puedo calcular la cantidad de aire que entra y sale de mi cuerpo. El aliento que entra y sale de mi boca es todo lo que me preocupa. Me imagino comiendo mientras me relajo.

Estoy sentada detrás de un plato lleno de alimentos deliciosos que me mantendrán satisfecho. La mejor manera de mantenerme interesado en mi comida es incluir varias partes y grupos de alimentos.

Comer granos enteros me mantendrá lleno. Las verduras y las frutas me proporcionarán la fibra que necesito. Estos alimentos me hacen sentir feliz durante todo el día, no solo mientras los como.

No solo benefician mi cuerpo, sino también mi mente.

Cuando entra en mi boca, puedo sentir cada bocado. Al masticar cada bocado, disfruto la mezcla de texturas.

Mis dientes tienen la fuerza y la fuerza necesarias para cortar cualquier cosa, desde la carne de un animal hasta las manzanas más duras. Cuando mastico mi comida y siento las texturas en mi boca, soy fuerte. Recargar mi cuerpo me hace sentir bien. Estoy disfrutando del sustento de estas deliciosas comidas.

No tengo que comer bocados grandes. Los bocados pequeños también funcionan. Mi costumbre era comer cucharadas más grandes y llenar mi boca tanto como pudiera. Ahora entiendo que es mejor tomar bocados más pequeños para poder concentrarme en el sabor en lugar de la cantidad. Me preocupa el sabor y la textura, no solo comer más para mantenerme lleno.

Cuanto más lentamente cocino, menos tengo que digerir mi cuerpo. Esto facilitará la extracción de nutrientes de mi comida.

Esto me da energía. Estoy devorando toda la comida que puedo. Estoy tomando todas las vitaminas y minerales que tiene. Todas las partes de mi comida me ayudarán a ser una persona más fuerte y saludable en el futuro.

Soy consciente de que al permitir que la comida entre en mi boca, estoy aportando nutrientes saludables a mi cuerpo. Me doy cuenta de que no necesito comer segundas porciones a medida que como lentamente. Puedo comer la primera cantidad que quiera.

Tomo porciones más pequeñas porque no quiero repetir. Además, ahora prefiero usar platos más pequeños porque sé que la comida parece más grande. Hay muchas cosas que puedo hacer para ayudarme an enfocar mi atención en la alimentación consciente en lugar de las prácticas sin sentido que solía hacer mientras comía.

Me siento relajado mientras como, sin masticar demasiado rápido. No se debe apresurarse. Me aseguro de comer solo un bocadillo cuando me siento apurada para comer. Comiendo mi comida mientras me relajo.

Me aseguro de respirar constantemente.

Me tomo el tiempo necesario para disfrutar de mi comida y establecer una conexión con ella, lo que me ayuda a perder peso más rápido. Ella me ama a cambio de mi comida. Me fortalece y esta relación es mejor que la que solía esperar. Estoy comiendo con más cuidado que nunca antes, lo que me hace sentir fuerte.

Mi respiración rítmica me ayuda a relajar mi mente, cuerpo y alma. Al comenzar a respirar de nuevo, puedo sentirme lleno sin tener que comer más. Puedo tomar un descanso y estar satisfecho con lo que consumí porque me siento mejor. Como lo ha hecho la comida, sigo respirando dentro y fuera, dejando que el aire me llene.

Ahora es el momento de quedarme dormido o concentrarme. Mientras cuento de nuevo desde diez, saldré de este estado meditativo y volveré al mundo, lo que me ayudará a lograr mi objetivo de perder peso. Las cifras son diez, nueve, ocho, siete, seis, cinco, cuatro, tres, dos y uno.

Conclusión

Más fácil será encontrar el éxito que has estado esperando cuanto más practiques las meditaciones que te hemos proporcionado. Después de probar una y otra dieta sin éxito, es hora de reconocer que nuestra forma de pensar está mal. La meditación es la mejor manera de cambiar tu mentalidad.

Cuando tenga la oportunidad, escuche esto. Si solo estás aburrido sentado ahí, ¿por qué no te tomas unos minutos para relajarte y volver a la actividad? Además, este tipo de meditación te ayudará cuando estés ansioso. Algunas noches puedes despertarte y tener problemas para dormir. Cualquiera de estas estrategias puede ayudarlo a relajarse y, al mismo tiempo, motivarlo an adoptar una mentalidad que se relaciona con la pérdida de peso.

Asegurate de que puedas hacer estas meditaciones en un lugar seguro. Aunque tomes un avión u otro medio de transporte en el que otra persona tenga el control, no conduzcas con ellas. Siempre medite en casa y en un lugar seguro por primera vez.

Es posible que te quedes dormido sin darse cuenta. Después de probar varias formas de meditación, puede comenzar a utilizar estas técnicas en aviones o en cualquier otro lugar si sabe que podrá mantenerse despierto y alerta una vez que salga de la meditación o la hipnosis.

Recuerda que las meditaciones no te ayudarán a perder peso. Te ayudarán an adoptar la mentalidad adecuada que será necesaria para continuar con la dieta o el programa de ejercicios que estás intentando. Además, te ayudarán a relajarte, lo que puede hacer que este proceso sea más difícil. Estas meditaciones e hipnosis, cualquiera que sea el método de alimentación saludable que elijas, te ayudarán a dejar de comer compulsivamente y an encontrar más fácil comer y hacer ejercicio de forma natural.

Para obtener los mejores resultados en la meditación, intente combinar este libro con otros de la serie. Recuerda que se necesita más de un intento y que debes hacerlo con frecuencia en lugar de solo una vez al mes. Cuando puedas incorporar estos momentos de relajación a tu dieta con más frecuencia que solo de vez en cuando, mejorará su desempeño.

Mejora El Bienestar Del Corazón.

Mejorar la salud del corazón es uno de los mejores efectos de la meditación en el cuerpo. La Asociación Americana del Corazón afirma que los pacientes que practicaron la meditación notaron una disminución en el grosor de sus paredes arteriales. En contraste, las paredes arteriales de los pacientes que no meditaron no cambiaron.

El grosor de las paredes arteriales es crucial. Las paredes arteriales gruesas pueden causar presión arterial alta, obesidad y otras enfermedades cardíacas. Puede causar un ataque cardíaco o un derrame cerebral si sus paredes arteriales se vuelven demasiado gruesas, lo que puede afectar la cantidad de sangre que bombea desde el corazón.

El grosor de la pared arterial disminuye mientras medita, lo que permite que su corazón bombee sangre con más fluidez y reduce la probabilidad de sufrir un derrame cerebral o un ataque cardíaco.

Disminuye el estrés en los músculos.

La meditación también reduce la tensión muscular. Cuando los músculos no se relajan adecuadamente, ocurre tensión muscular, lo que con frecuencia causa dolor agudo y dificultad para moverse. Puede sentirse tenso en los músculos si hace mucho ejercicio, está bajo mucho estrés o toma ciertos medicamentos.

La meditación también ayuda a relajar los músculos porque con frecuencia implica una respiración controlada y calmar la mente. La relajación muscular es el objetivo de una forma de meditación conocida como Relajación muscular progresiva.

Además, la meditación reduce el estrés, una de las principales causas de tensión en los músculos. Su tensión muscular severa disminuirá si reduce el estrés.

Fortalece el metabolismo

El metabolismo también aumenta con la meditación. Aunque la meditación no te ayudará a perder peso, te ayudará a quemar más calorías mientras descansas.

Esto se debe a que la meditación activa el hipotálamo, el área del cerebro que regula el metabolismo. Su cuerpo naturalmente tendrá un metabolismo más alto si esta área es más activa.

Retarda el envejecimiento del cerebro

La meditación mejora el proceso de envejecimiento del cerebro, lo que tiene un impacto en la mente. La cantidad es un indicador del proceso de envejecimiento del cerebro.

de la cantidad de materia gris presente en el cerebro. En términos de envejecimiento, el cerebro mejora con la cantidad de materia gris.

Según un estudio de UCLA, los meditadores tenían un mayor volumen de materia gris que los que no meditan. Los meditadores mayores tenían más materia gris que los meditadores más jóvenes, pero los meditadores de la misma edad tenían más materia gris que los no meditadores. Según este estudio, la meditación puede retrasar el envejecimiento del cerebro.

Un gran beneficio de la meditación es que reduce el proceso de envejecimiento del cerebro. El cerebro funciona mejor para controlar los músculos, la percepción sensorial, las emociones y el autocontrol cuanto más tiempo se conserva la materia gris. Por lo tanto, la meditación nos permitirá usar nuestro cerebro y nuestra mente de manera efectiva durante una parte más prolongada de nuestra vida.

Tipos De Meditación

Vamos an examinar algunas categorías de meditaciones que podemos realizar:

Podemos agrupar las meditaciones según su forma:

Meditación dirigida

Una meditación guiada consiste en usar el poder de la mente para visualizar una situación, con la ayuda del "guía" que lleva a los participantes por un recorrido mental específico.

Las meditaciones guiadas se ajustan perfectamente a nuestra comprensión occidental que parece requerir una estructura y forma en un trabajo energético o espiritual, además de la posibilidad de alcanzar metas específicas.

El trabajo mental activa nuestro lado energético, lo que es otra ventaja de este tipo de meditación. En otras palabras, lo que creamos con la mente se transforma en trabajo energético an un nivel más profundo, lo que resulta en un resultado más profundo y efectivo.

Además, se puede seleccionar el nivel de trabajo que desea. Quiero decir, ¡adelante si solo quieres relajarte después de un día laboral o reducir tu estrés! Experimentarás un hermoso "paseo virtual" durante una hora para relajarte y olvidarte del estrés.

Si busca profundizar en su "ser interior" y descubrir sus caminos energéticos y/o espirituales, esta meditación será muy beneficiosa.

Meditación dinámica

Combinamos el movimiento del cuerpo y el reposo en esta modalidad de meditación. Suelen consistir en tres o cuatro fases que generalmente intercalan el movimiento con la quietud. La primera fase consiste en movimientos del cuerpo, como bailar, permitiendo que nuestro cuerpo se mueva libremente al sonido de la música. Después de eso, hay una fase de quietud en la que se busca sentir la energía que se ha acumulado durante el baile que se esparce por todo nuestro cuerpo.

Meditación reflexiva

La estrategia depende de la observación. La persona puede controlar su mente observando las cosas de la mente.

La contemplación concentrativa se basa en repetir mentalmente un sonido, una frase o un mantra. El tema se centra en un concepto y punto específico, generalmente un chakra.

En la contemplación perceptiva, el meditador se concentra en diferentes percepciones con una actitud distante y desapegada. Prescribe un estado receptivo de observación equilibrado. Nos concentramos en nuestra respiración, nuestro abdomen o hara, el vacio, la nada, el propio cuerpo, etc.

La contemplación mixta es una forma de meditación que combina métodos de meditación concentrativos y perceptivos.

La contemplación intelectiva es más una exploración intelectual reflexiva que un método de concentración puro. El meditador se limita a reflexionar sobre ideas religiosas, conceptos filosóficos, imágenes espirituales, textos o frases místicas.

medidas del cuerpo

Practicaremos este tipo de meditación para fortalecer la conexión afectiva con tu cuerpo cuando se necesita crear una armonía entre tú y tu cuerpo-mente, especialmente cuando hay una enfermedad. Puede entonces participar activamente en su propio proceso de recuperación. para aliviar el dolor o simplemente para revitalizar y revitalizar su cuerpo.

Mediciones mentales

Este tipo de meditaciones tiene como objetivo enfocar nuestra mente en el aquí y ahora. No en el pasado, no en el futuro, no en connotaciones mentales, sino únicamente en el presente. Para obtener una liberación duradera del estrés, aprendemos a relajar el cuerpo y la mente al mismo tiempo.

Nuestra mente es una de las herramientas más poderosas que

tenemos, pero si no sabemos cómo usarla, nos hace esclavos de ella.

Meditaciones espirituales

Este tipo de meditación nos lleva a nuestros valores más elevados. Percibimos nuestra conexión con la Madre Tierra y escuchamos la voz de nuestro Yo Espiritual que nos guía hacia un lugar de paz y amor. Sintiendo la auténtica sensación de formar parte de algo, estamos experimentando un verdadero sentimiento de pertenencia.

A continuación, examinaremos algunos tipos de meditación:

La meditación budista o la meditación mental completa

La meditación budista también se conoce como meditación completa de la mente. Intentamos concentrar nuestra atención en este momento. Solo necesitamos concentrarnos en nuestra respiración para lograrlo. Parece muy sencillo, pero puede ser difícil para alguien que no ha practicado mantener la atención por más de tres minutos.

Meditación Zazen

Se refiere a sentarse en un estado de Zen o de concentración. Contando las respiraciones es la forma de hacerlo. Como ejemplo, uno, dos...

Es necesario prestar toda la atención a la respiración y reiniciar la cuenta si surge cualquier distracción. Por lo tanto, para realizar esta meditación se requiere una determinación firme y una concentración total.

Meditación profunda

Este tipo de meditación implica repetir un mantra. Por lo general dura veinte minutos y se lleva a cabo por las mañanas y por las noches.

La meditación de Vipassana

Se realiza con las piernas cruzadas en forma de loto y los ojos cerrados mientras se practica.

En esta meditación, "buscamos no buscar y así encontrar lo que buscamos".

Nos concentraremos en la respiración como un medio para ahuyentar los pensamientos que están "observados" por nosotros y que se aferran a nosotros y no podemos ahuyentar.

Se puede practicar de pie o sentado.

Meditación de Vipassana que penetra

"Ver las cosas como realmente son" es el significado de la meditación Vipassana, que proviene de la India. La estrategia depende de la observación. La persona puede controlar las cosas de la mente observandolas.

Medición Vipassana de la Conciencia Plena

Podemos comprender completamente las Cuatro Nobles Verdades, la primera enseñanza del Buddha Sidharta, practicando las cuatro meditaciones de la conciencia plena.

- Meditación corporal
- Concentrarse en los sentimientos
- Meditación interior

Meditación sobre los eventos

Entender o comprender estos cuatro objetos de meditación nos llevará an una mayor tranquilidad. Cada uno de estos objetos nos da sensaciones que pueden ser buenas o malas. Por lo tanto, experimentamos felicidad e infelicidad a través de nuestro cuerpo; felicidad e infelicidad a través de nuestros sentimientos; felicidad e infelicidad a través de nuestra mente; y finalmente, los fenómenos nos rodean constantemente.

Meditación Vipassana en el cuerpo

Esta forma de meditar es más complicada que otras, ya que es necesario adquirir una forma específica de enfocar la atención en cada parte del cuerpo. Sin embargo, con ella se desarrolla una claridad mental muy notable y se producen extraordinarios efectos sanadores. Debes sentir cada parte de tu cuerpo en el orden que se muestra, llevando tu conciencia en un recorrido sistemático y repetido.

Meditación sobre la Kabbalah

Los líderes espirituales judíos comenzaron an enseñar la meditación del Kabbalah. Creen que la meditación les permitirá acercarse a Dios. Esta estrategia incluye visualizar el nombre de Dios.

Hay una variedad de meditaciones. Los principiantes pueden comenzar con una meditación llamada Shema. En hebreo, "shema" significa "oír". Primero haremos el sonido "sh" al inhalar y exhalarnos, luego haremos lo mismo pero con el sonido "mm".

Mantra de Meditación

La vibración de los sonidos hace que este tipo de meditación sea muy efectivo.

Cuando la vibración llega al tímpano y se transmite a la mente, se produce el sonido. Esto proporciona una explicación del sonido como vibración. El sistema endocrino, en particular la glándula pituitaria o "glándula maestra" y la glándula pineal en la cabeza, pueden ser activados por vibraciones específicas.

Las vibraciones de sonidos también estimulan los nadis y los chakras, así como el nervio vago (que afecta el cuello, la mandíbula, el corazón, los pulmones, la traquea intestinal y los músculos de la espalda).

Mientras respiramos de manera abdominal, cantaremos o recitaremos el mantra que nos mantendrá ocupados hasta que nuestra respiración se acompasa con el canto.

La repetición de un Mantra anula y aburre a nuestro hemisferio izquierdo, que es el racional, permitiendo que actúe el hemisferio derecho.

Meditaciones de Dzogchen

El camino natural del budismo tibetano es la meditación Dzogchen, pronunciada Zog-chen. No es necesario realizar una respiración específica, mantras o un nivel de concentración específico para esta meditación. Si nos es más cómodo practicar con los ojos abiertos y concentrarnos en "solo respirar", "solo sentarse" y "solo ser".

Meditación sobre el Chakra

La intención de esta meditación es equilibrar los chakras. La meditación guiada generalmente se centra en concentrar la mente en cada chakra y sus características.

La meditación de Shamadi

Evita racionalizar y representar imágenes o pensamientos concentrándose en procesos vitales como la respiración y los latidos del corazón.

Meditaciones de Zen

El orientador de la meditación dirige el principio y el final de este tipo de meditación.

Algunos métodos de meditación zen son:

- Mantener una pregunta (como ¿Quién soy?) y permitir que las respuestas surjan.

- Usando un mantra. Se recita el mantra y se concentra en él.

Contar los pensamientos. Contar de 1 a 10 durante la espiración o la inspiración.

Meditación con la mente limpia. Consiste en estar al tanto de lo que está sucediendo en ese momento. Escuchar los vehículos, los pájaros, etc.

Se practica colocando las piernas en posición de loto mientras mira una pared blanca. Normalmente se realiza en grupo.

Meditación sobre la Kundalini

Dado que incluye movimiento, es una meditación fácil de asimilar. La meditación Kundalini, creada por Osho, tiene música y se divide en cuatro partes de quince minutos cada una, lo que da como resultado una hora de meditación total.

La primera es sacudirse en el lugar y liberar energía de los chacras inferiores. En el primer paso, debemos permitir que la energía nos haga temblar.

El segundo periodo de Kundalini es un baile no rítmico; los movimientos son una imitación del baile en lugar de una coreografía.

El tercer periodo implica mantener la mente en blanco y los ojos cerrados en una posición de loto.

En el cuarto periodo, no hay música y se trata de permanecer recostado, cómodo y relajado, sin pensar en nada y evitando dormir. Al final de los últimos quince minutos de silencio, se escucha un gong que indica que la meditación ha llegado a su fin.

Meditación profunda

Normalmente es una meditación libre. Permitimos que los pensamientos fluyan libremente. Los observaremos como un espectador, pero no nos concentraremos en ninguno. Se realiza generalmente mientras se entona un mantra personal.

La meditación de Gassho

La meditación es una forma común de meditar en Japón. Se realiza todas las mañanas y noches y es el método más efectivo para conectarse con la energía del Reiki.

La postura de Gassho es clara. Nos sentamos con la espalda recta según nuestro estado físico. Las vértebras del cuello siguen la línea de la espalda con el mentón ligeramente retraído. Juntamos los pulgares con las palmas de las manos a la altura del corazón.

Cuando cerramos los ojos, nos olvidamos de todo y vaciamos nuestra mente, comenzamos a recitar en voz alta los principios de Reiki, tratando de sentirlos.

Meditación sobre el sufrimiento

El propósito de esta meditación no es sustituir los tratamientos médicos para el dolor y sus causas. El objetivo principal es reducir la intensidad del dolor.

Lleva tu atención hacia él hasta que puedas sentir todas las sensaciones físicas relacionadas con el dolor. Acepta el rechazo y nota cómo el dolor se transforma en sensaciones energéticas. Concentra tu atención en todas las nuevas sensaciones que experimente y respira profundamente enfocándote en el área dolorida. No intentes controlar ni disminuir el dolor, simplemente acomódate con él y descansa.

Es importante recordar que nuestro objetivo es disminuir el sufrimiento asociado con el rechazo del dolor, no este mismo. Es cierto que el dolor físico también disminuye en muchas ocasiones.

Meditación de Acem

La Meditación Acem permite a la mente expresar sus propias necesidades con mayor libertad interior. El objetivo no es controlar los pensamientos, sino permitir que fluyan libremente. La Meditación Acem permite que la mente establezca su propio ritmo. Nadie tiene poder sobre él.

Yantra Meditación

Los yantras se derivan de los mandalas, que son símbolos universales.

Concentrarse en uno de estos diseños es el objetivo de la meditación de los Yantras. La concentración en algo interno o externo puede calmar y equilibrar la mente.

Escogeremos un momento y un lugar tranquilo, y nos sentaremos en el piso con la espalda recta y una mesa baja frente a nosotros, si lo deseamos, con una vela o incienso encendido. Para que podamos ver el Mandala o Yantra sin tener que buscarlo, lo colocaremos frente a nosotros.

Dejaremos reposar nuestras manos sobre nuestras piernas o en nuestro regazo con las palmas hacia arriba. Podemos comenzar cantando un mantra que nos dará paz. Comenzaremos nuestra meditación en silencio, con los ojos abiertos y mirando el Mandala o Yantra. Estaremos cuando queramos. Terminaremos con una idea o declaración de paz tanto personal como universal.

Escalas chamánicas

Una de las técnicas básicas para que una persona inicie su conexión espiritual personal y luego acceda a niveles más elevados y profundos de conexión y guía espiritual es la meditación chamánica, también conocida como viaje chamánico.

El "viaje chamánico", que se denomina comúnmente, se lleva a cabo mientras uno está acostado con los ojos cerrados y se asemeja an una meditación guiada por el sonido de un tambor u otro instrumento de percusión tradicional.

Meditaciones sobre Anapana

Esta meditación milenaria se practica haciéndote consciente del roce del aire al pasar por las fosas nasales cuando respiras. Se traduce como "calma mental". Se sentirá más tranquilo y más concentrado.

Visualización innovadora

La visualización creativa nos permite conectarnos con nuestra imaginación y conectarnos con nuestro niño interior. En realidad, es una estrategia que se puede utilizar para lograr cualquier objetivo que deseemos alcanzar. Tanto los pensamientos como los sentimientos tienen una energía magnética similar que los atrae.

Esto implica relajarse y pensar en lo que uno desea que suceda. En pocas palabras, la visualización creativa es una forma de autoayuda para sanar las emociones y liberarse de miedos, culpas e inseguridades.

Meditación sobre Antakarana

Podemos decir que esta meditación pertenece al campo de la meditación

Yantra. La única distinción radica en que el yantra a tener en cuenta es el Antakarana.

El Antakarana, también conocido como el "Puente Arco Iris", conecta dos mundos muy distintos, el mundo del Espíritu y el mundo de la materia.

Maitri Meditación

Maitri es amor por todo lo que vive.

Es una meditación para desarrollar la benevolencia y la sensibilidad.

Meditación mientras caminas

Se dice que alguien cuestionó al Buda.

¿Cuáles son las actividades que realizas junto con tus seguidores?

Él respondió:

"Nos sentamos, caminamos y comemos".

Luego preguntó: "Pero cualquiera puede sentarse, caminar y comer".

El Buda respondió diciendo que al sentarse, estamos conscientes de estar sentados, al caminar, estamos conscientes de estar caminando y al comer, estamos conscientes de estar comiendo.

Cómo meditar caminando:

1. No hay objetivo.

No te enfoques en ningún propósito mientras caminas.

Disfruta simplemente caminando.

2. Desapego.

Al entrar en esta dinámica de caminar conscientemente, no hay lugar para ningún otro pensamiento que el de estar atento al presente.

3. Sonríe al igual que el Buda.

Comenzarás an experimentar una profunda sensación de paz, serenidad y bienestar total si dibujas una leve sonrisa en tu rostro tal como lo haces mientras caminas.

Todo tu ser se renueva al sonreír y tu práctica se fortalece.

No te preocupes por sonreír.

4. Respira profundamente.

Este es uno de los componentes más cruciales de esta técnica.

Observa tu respiración mientras caminas.

5. Reúna todos tus pasos.

Contar los pasos cuando inhales y exhales es útil al principio.

Conviértete en un observador atento de tu respiración.

6. Gathas.

Puede pronunciar palabras al ritmo de su respiración en lugar de números.

Debes ser original y usar palabras que resonen en ti.

7. Camina con la postura de un emperador.

Date el permiso de caminar tranquilamente como si fueras el gobernante de este mundo.

Que cada acción que tomes sea una declaración o una orden verdadera encaminada a la paz y la felicidad del planeta.

8. Paso a paso como una flor de loto.

Imagina que con cada paso que das en la tierra surge una hermosa y radiante flor de loto o la flor que prefieras.

9. Cuando estés enojado, camine.

En ocasiones, cuando más las necesitamos, ponemos más excusas.

"No estoy de humor para eso", "lo haré cuando me pase el enojo".

Sin embargo, es cuando más lo necesitamos.

10. Aproveche la oportunidad.

No hay un momento ideal para caminar conscientemente.

Programa "un espacio" para meditar caminando y no te pongas límites.

En cualquier momento del día, puede caminar conscientemente.

La Meditación Activa del Chakra del Corazón de Osho

Es un ejercicio que tiene su origen en la tradición Sufí que se remonta a cientos de años. Es un simple ejercicio de movimiento y respiración que puede aliviar el estrés interno y permitir que la energía del corazón fluya libremente de nuevo. El chakra del corazón es la puerta a todos los demás chakras.

Todas las energías pueden fluir libremente cuando el chakra del corazón está abierto. El hombre se siente profundamente conectado con todas las otras creaciones, ya que no existen barreras internas. El hombre se siente protegido y transmite calor, felicidad y amabilidad. De esta manera, el hombre ama para el bien del amor.

Meditación de estilo sufi

Liberar el ideal de la dualidad, abrazar y comprender el universo como un todo, una parte unificada, es el objetivo principal de la tradición sufí, y aquí es donde entra en juego una fuerte práctica de meditación.

La Meditación Sufí es una herramienta para adquirir un conocimiento profundo de su alma y ego.

El Nuevo Enfoque De Liderazgo

Creo firmemente que los líderes científicos y empresarios, en lugar de los políticos, tendrán un papel importante en el futuro del cambio en nuestro planeta. Es necesario que surja un nuevo liderazgo. Un liderazgo que se centra en la conciencia

El modelo de excelencia EFQM (European Foundation Quality Management) fue lanzado en Europa a finales de los años ochenta y principios de los noventa con el objetivo de establecer un marco de buenas prácticas para mejorar los modelos organizativos y ayudar a las empresas a ser más competitivas y hacer frente a los modelos de producción de Estados Unidos y Japón en aquel entonces. un sistema de autoevaluación y mejora continua para llevar a las empresas de cualquier tamaño al éxito. una perspectiva crítica desde el interior para revitalizar y fortalecer el camino hacia la excelencia.

El modelo EFQM se muestra en la figura 1 en ocho conceptos fundamentales. Son componentes de gestión cruciales que se cree que conducen al éxito2.

El veinte por ciento del éxito de una organización depende de las personas y el liderazgo. ¿No te parece suficiente? Este porcentaje es fundamental para describir lo que hacemos y cómo lo hacemos.

La Figura 1 muestra un esquema del modelo EFQM. Se destaca la importancia de las personas y el liderazgo.
El objetivo del modelo EFQM fue guiar las empresas hacia la identificación de fallas e ineficiencias que aumentan la entropía y llevar an un modelo de actuación de excelencia y éxito a través de la mejora continua y la innovación. Sin embargo, también podemos aplicarlo de manera conceptual a nuestra vida diaria. Es una perspectiva interna que se

enfoca en la autoevaluación y la mejora continua.

Por lo tanto, las personas y el liderazgo son esenciales para el éxito de las organizaciones. Las dos dimensiones están profundamente relacionadas.

Discutamos el liderazgo. ¿Es un jefe o un líder?

El liderazgo es personal y tiene un impacto en las organizaciones. Ser un líder no es lo mismo que ser un jefe: el líder dirige, el jefe manda. El éxito y el talento están relacionados con el liderazgo. La imposición, el uso de la fuerza y el miedo son características de la autoridad del jefe. El término "liderazgo" se refiere a la capacidad de persuadir y dirigir an otras personas en un proceso que les permitirá lograr un objetivo, meta o propósito específico. Las personas y las organizaciones tienen caminos paralelos.

¿Tenemos claro qué queremos hacer en nuestra vida? Puede sonreír. La mayoría de las personas no se plantean esa pregunta. Simplemente se levantan y continúan con su rutina diaria sin cuestionar si lo que escuchan o hacen está en línea con sus valores y metas en la vida. ¿Cuál será tu herencia? ¿Qué significa para ti vivir? ¿Cuál es tu lugar en el orden de las cosas? ¿Sigues buscando riqueza? ¿Sigues siendo feliz? ¿Cuáles son tus metas actuales? ¿Eres consciente de tu identidad?

La "alta tasa de fracaso en generar un cambio" es un cambio crucial tanto en las organizaciones como en nuestra vida personal. Actualizamos y mejoramos para cumplir con nuestras expectativas. Cuando estas no se cumplen, introducimos otras ideas o desafíos. Cuando estos no se cumplen tampoco, entramos en un ciclo interminable que nos frustra. En las empresas, la frustración es perjudicial porque afecta la confianza y la credibilidad de los líderes y contribuye directamente a la conducta cínica de los empleados.

El liderazgo requiere la gestión y el manejo de los recursos. ¿Estás seguro de tus habilidades? ¿Estás consciente de tu potencial?

Un líder debe tener habilidades tanto en el espacio como en el tiempo. Esto implica que debe tener un fuerte sentido de responsabilidad tanto hacia toda la organización como hacia sí mismo. Debe poder definir claramente sus objetivos. Finalmente, debe tener habilidades de persuasión.

Lamentablemente, nuestra sociedad está experimentando un fenómeno mundial conocido como "La muerte de los líderes". Acontece en instituciones y empresas. Suele ser un error grave liderar proyectos y administrar personas a la vez. Se ha descubierto que el modelo autocrático predominante en las estructuras sociales, como empresas, instituciones (incluidos los gobiernos estatales), organizaciones de todo tipo (política, militar, jurídica y de comunicación), es menos efectivo. Las expectativas sobre los líderes a corto plazo se elevan en nuestro entorno de cambio acelerado. Los altos niveles de estrés y ansiedad, que persisten con el tiempo, casi siempre conducen an una incapacidad temporal; en ocasiones, con resultados desastrosos y definitivos. Es algo que vemos en nuestra vida cotidiana y que hemos normalizado de manera incorrecta. Cada uno de nosotros es líder en nuestro espacio y tiempo.

Podemos decir de manera elocuente que tenemos acceso an una formación muy buena: escuelas, institutos, universidades y centros de capacitación de negocios. Nuestro mayor beneficio ha sido, es y será la formación, ya que es una fuente inagotable de recursos. Sin embargo, seguimos experimentando un alto nivel de fracaso en la obtención de resultados a pesar de estar bien preparados.

He observado y me he encontrado en situaciones en las que personas adultas bien preparadas y con experiencia han actuado de manera negativa y han puesto en peligro equipos y organizaciones durante mi larga trayectoria profesional en entornos directivos (incluso en alta dirección). "Como no despida an esta persona, me hundirá la empresa", dicen los empresarios. He presenciado y asistido a consejos de dirección que parecían patios de colegio. Pero también he visto personas enteras y responsables que tienen un cierto nivel de liderazgo.

¿Por qué hay una alta tasa de fracaso en la consecución de expectativas?

Por su complejidad, se suele pasar por alto un elemento esencial. la madurez mental de la persona.

No se trata de la edad. Nuestro punto de partida y/o estado, así como nuestros objetivos ideales, están determinados por la relación que existe entre dos dimensiones fundamentales: la preocupación por las personas y los niveles de rendimiento/productividad. Existe una verdadera posibilidad de mejora. Aunque complicado.

El modelo formativo actual generalmente funciona bien en el desarrollo de habilidades técnicas, pero carece de herramientas para producir e incrementar la madurez psicológica de las personas a corto plazo.

El nivel de desarrollo integral de una persona determina el rendimiento. Las organizaciones deben monitorear y fomentar el crecimiento integral de sus integrantes. Muchas empresas han visto esto y han comenzado an invertir. Un error grave es intentar alcanzar la "perfección"6, simplemente porque los recursos tienden a ser infinitos para lograrlo. La oportunidad de mejora continua es la verdadera opción. Definir nuestro punto de partida y proponernos un desafío específico definido y calibrado, como un "estado ideal" an alcanzar.

La Figura 2 muestra un modelo complejo para identificar oportunidades de mejora. Relaciona la productividad y el rendimiento con el nivel de preocupación de los recursos humanos en las organizaciones y el nivel de madurez psicológica.
Hace un tiempo, un círculo privado muy conocido en Barcelona me invitó a dar una charla durante una comida sobre "Meditación y Liderazgo". Mientras esperábamos, se formaban grupos de personas en el hall que entablaban conversaciones animadas y abiertas. Me acerqué an uno de los grupos y pude escuchar una conversación sobre la posesión de recursos naturales, como el petróleo de países nórdicos, y comparación con España, que sufre de la falta de estos recursos. Apunté mi visión mientras hablaba:

¿Cuál es el recurso más valioso que tenemos en nuestra vida personal? ¿Qué recurso importante posee una nación, país o estado? "Talento"

La solución innovadora para solucionar toda crisis es el talento. La combinación de habilidades individuales y colectivas. El rendimiento depende del nivel de desarrollo individual y del equipo, así como del talento del líder y de su equipo.

El éxito es el resultado del talento. Un nuevo líder surge con el objetivo de mejorar a sí mismo y a los miembros de su equipo. El trabajo en equipo depende de la confianza.

Uno se da cuenta de que los valores, la creatividad y la innovación conducen a las personas y sus organizaciones a la excelencia cuando reflexiona. Descubrir nuestros talentos y poder usarlos da sentido a nuestra vida. "Los valores no solo nos conectan, sino que nos focalizan en un objetivo común" (7), afirma Richard Barrett.

Conocer e identificar nuestros valores es un acto de autoconocimiento consciente, fundamental. Nuestros valores modelan nuestra toma de decisiones y nos dirigen de manera eficaz y eficiente a lo que es realmente importante para vivir de manera integral.

Los valores fundamentales que conducen al éxito de una sociedad incluyen la honestidad, la verdad, la transparencia y el respeto; la sensibilidad que conduce a la empatía y a la compasión serena y activa; la gratitud por cada gesto de apoyo sin esperar nada a cambio; la humildad que nos lleva an aceptar los hechos y a la oportunidad de aprender y crecer; la prudencia calibrada para saber evaluar las situaciones con criterio y sin prejuicios; el sent

Los valores nos unen y nos concentran:

Liderazgo y valores son la clave de la fuerza.

En las organizaciones productivas, la especialización antiguamente promovía a las personas a niveles de mayor responsabilidad. Debido a su mayor conocimiento del tema, se convirtieron en los líderes del grupo. La planificación de objetivos estratégicos posteriormente estableció la dirección. Sin embargo, este simple hecho llevó an un método de "todo vale" para lograr el objetivo. No se consideraba el costo. El valor estaba en "vender a cualquier precio o costo". Esto provocó que muchos clientes se sintieran insatisfechos. La necesidad de actuar con valores como la sinceridad, la transparencia, la empatía, el servicio sincero y desinteresado, la preocupación por el bien común, surgió cuando se pensó en esto. Es esencial tener metas, pero estas debían alcanzarse mediante valores. Muchos de estos decálogos de valores se han convertido en marcos colgados en las paredes de las oficinas o en el área corporativa de las páginas web. ¿Ha habido una verdadera internalización de los valores como superconductores de nuestra forma de pensar y actuar? ¿Cuáles son los principios que sustentan nuestra forma de abordar la vida y actuar?

El nuevo paradigma del liderazgo requiere que los valores se incluyan en la fórmula y sean conscientes e internalizados.

Pero el liderazgo consciente va más allá de unir valores.

La conciencia implica una verdadera conexión del líder con las leyes naturales. Debido a que los valores provienen de la Conciencia y se basan en la Ley Natural.

El liderazgo consciente será la base de nuevas tácticas de desarrollo del liderazgo que harán emerger una gestión invencible a través de la fusión de disciplinas. La invencibilidad es fundamental para la naturaleza. Es una de sus características más esenciales. La invencibilidad se refiere a la garantía de éxito, lo que implica la consecución de objetivos sin demora, sin efectos indeseables, sin pérdida de tiempo ni energía.

¿Es imposible alcanzar un ideal tan amplio? ¿Reconocemos la capacidad infinita de organización de la naturaleza? Podemos usarlo y acceder an él.

Desde lo más concreto y diversificado hasta lo más sutil, integrado y poderoso, la física moderna demuestra que la creación está estructurada en capas. Todo el dominio está cubierto por estas capas, que van desde la física clásica de los objetos interaccionando mecánicamente hasta los campos moleculares y de estructuras atómicas, hasta los niveles más profundos de la mecánica cuántica y, finalmente, el campo unificado.

Un campo es un todo que penetra y afecta el comportamiento de sus partes individuales. Aunque en sí mismo es no físico y, a su vez, omnipresente, el Campo Unificado se considera el origen del universo físico visible y no visible con todos sus componentes concretos.

La naturaleza experimenta un aumento gradual en los niveles más oscuros de la estructura.

El campo unificado es objeto de estudio en la física cuántica. La filosofía védica en general, y en particular el Rāja Yoga de Patañjali, o yoga mental profundo, ha explorado y descrito los modelos psicológicos que se describen en la conciencia universal con una perspectiva subjetiva.

Una realidad trascendental o conciencia universal es el nivel más fundamental de la subjetividad individual y al mismo tiempo es la fuente y la base del mundo material que percibimos. La conciencia universal, también conocida como conciencia trascendental o conciencia pura, se ha descrito en términos idénticos con el Campo Unificado.

En un nivel superficial, nuestra vida diaria se compone de separación. Sin embargo, la sensación de separación disminuye a medida que aprendemos a usar nuestra mente consciente en niveles más profundos y llegamos al colapso de la singularidad del espacio-tiempo. A ese nivel, nuestra mente se conecta con el nivel del Campo Unificado de las leyes de la naturaleza dentro de nuestra propia fisiología. La conciencia se une al Campo Profundo de la Mente. Encontramos el origen del pensamiento.

La Figura 3 muestra un modelo de unificación de materia y mente, también conocido como "cuerpo mente".

Es necesario capacitarnos para utilizar de la mejor manera posible los principios naturales. El liderazgo consciente refleja el uso completo del potencial mental, que está en línea con las capas más profundas y poderosas del poder organizador de la Ley Natural.

Al conectar la gestión inteligente del cosmos con la gestión inteligente de los directivos, llegamos al objetivo. El objetivo es traer y mejorar cada aspecto de la gestión con la ayuda de la Ley Natural, fomentando y respaldando la evolución de toda la gama de preocupaciones de los empresarios, directivos, gerentes, hombres de empresa, líderes políticos, hombres de estado y sus colaboradores, para que puedan disfrutar del constante crecimiento sin importar la organización de la que forman parte.

Este apoyo a la Ley Natural se concreta en un estado donde el gerente encuentra que sus pensamientos se materializan naturalmente y sin esfuerzo debido an un alto desarrollo de la fuerza mental y armonía con las leyes naturales.

Es el resultado espontáneo del desarrollo de la conciencia y la acción en armonía con la Ley Natural, no de un éxito fortuito.

Libro V

Al amanecer, si no te gusta ser llamado, prepara este pensamiento: "Estoy llamado a la labor del hombre; ¿por qué tengo que enfrentar dificultades si hago lo que nací para hacer y para lo que fui traído al mundo? ¿Estoy hecho para acostarme en ropa de cama y mantenerme caliente? "Pero esto es más agradable". ¿Entonces naciste para satisfacerte a ti mismo, en realidad para experimentar, no para actuar? ¿No puedes observar cómo las plantas, los pájaros, las hormigas, las arañas y las abejas trabajan independientemente, contribuyendo a la armonía del mundo? Entonces rechazas el trabajo de un hombre y no te apresuras a hacer lo que es de tu propia naturaleza. Pero un hombre también necesita descansar, estoy de acuerdo, lo hace, pero la naturaleza asigna límites al descanso, así como a la comida y la bebida, y sin embargo tú vas más allá de sus límites, más allá de lo que es suficiente; en tus acciones solo esto ya no es así, guardas dentro lo que está en tu poder. La explicación es que no te amas a ti mismo, sino que seguramente amarías tanto tu naturaleza como su propósito. Pero otros

Es muy fácil rechazar y limpiar toda imaginación perturbadora o ajena, y luego estar en completa calma.

No mires a tu alrededor, sino camina por el camino recto, siguiendo tu propia naturaleza y la común, porque el camino de ambos es uno; y no permitas que la culpa o el discurso de los hombres te disuada; pero si es correcto hacerlo o decirlo, no te consideres indigno de ello. Los demás tienen su propio ser para gobernarlos, y usan sus diversas inclinaciones.

Camino por el camino de la Naturaleza hasta que me acueste y descanse, respirando mi último aliento en lo que saco mi aliento diario, y acostado en lo que mi padre sacó su semilla vital, mi madre su sangre y mi nodriza su leche; de lo que durante tantos años me alimento y riego día a día; lo que lleva mi huella y mi mal uso para tantos propósitos.

No se pueden admirar tus habilidades mentales. ¡Concedido! Hay mucho más que no puedes decir: "Eso no es un regalo mío". Traed todo lo que tengan a mano: astucia, dignidad, resistencia al trabajo, disgusto por el placer, satisfacción con vuestra porción, necesidad de poco, bondad, libertad, sencillez de vida, reserva en la palabra y magnanimidad. ¿No notáis vuestra capacidad para lograr logros, donde no hay justificación por falta de habilidad o habilidad, pero os conformáis con mantener una posición más baja? ¿Estáis obligadas a refunfuñar, agarrar, halagar, culpar a vuestro pobre cuerpo, a ser serviles, a presumir de sí misma, a que os den vueltas en la cabeza porque habéis sido modeladas sin talento? Hace mucho tiempo que no tenías la capacidad de evitar todo esto, y solo puedes ser condenado por tardanza y lentitud en entender. Incluso en ese caso, debes trabajar duro sin ignorar tus errores ni encontrar consuelo en tu falta de habilidad.

Cuando un hombre hace un buen gesto a alguien, también lo hace por su cuenta. Aunque otro no está dispuesto a hacerlo, piensa como si fuera un acreedor y sabe lo que ha hecho. Un tercero, en cierta medida, no tiene idea de lo que ha hecho, pero es similar an una viña que ha producido uvas y no pide más cuando ha producido su fruto adecuado. Un caballo corre, un sabueso corre, las abejas hacen miel, y un hombre hace el bien, pero no lo sabe y pasa an un segundo acto, como una viña que da sus uvas a su debido tiempo. Por lo tanto, deberías ser uno de esos que no está consciente de lo que hacen. Sí, pero uno debe ser consciente de esto, argumenta, porque es una característica de ser social sentir que está actuando socialmente y querer que sus vecinos también lo sientan. Es verdad lo que dices, pero interpretas de manera equivocada lo que ahora se quiere decir; por lo tanto, serás uno de los que mencioné anteriormente, ya que ellos también se desvían por una razón plausible. Sin embargo, si decides entender lo que se quiere decir, no temas omitir ningún acto social por ello.

Uno debe rezar simplemente y libremente: "Lluvia, querido Zeus, lluvia en los campos de maíz y en las llanuras de Ática", o no rezar en absoluto.

Comúnmente decimos: "Esculapio ordenó an un hombre que hiciera ejercicio a caballo, baños fríos o sin zapatos"; de manera similar podríamos decir: "La Naturaleza Universal le ordenó enfermedad, incapacidad, pérdida o alguna otra aflicción". En la primera frase, "ordenó" significa virtualmente "le ordenó esto como apropiado para la salud"; en la segunda, lo que corresponde a cada hombre ha sido ordenado como apropiado para el orden natural. Así, también, decimos cosas "adecuadas para nosotros" como los trabajadores hablan de bloques cuadrados "encajados" en muros o pirámides, uniéndose unos con otros en una estructura definida. Porque en el conjunto de las cosas hay una armonía que conecta, y así como de todos los cuerpos materiales el mundo se hace perfecto en un cuerpo conectado, así de todas las causas el orden de la Naturaleza se hace perfecto en una causa conectada. Incluso la gente sencilla tiene en su mente lo que estoy diciendo, ya que utilizan la frase: "fue enviado an él", y así esto fue "enviado" an él, es decir, "esto fue ordenado para él". Por consiguiente, aceptemos estas órdenes como aceptamos lo que Esculapio ordena. Muchas de ellas, también, son ciertamente severas, pero las recibimos con la esperanza de salud. Que el desempeño y la realización del placer de la Naturaleza Universal les parezca ser su placer, precisamente como se ve la conducta de su salud, y así acoger todo lo que sucede, aunque parezca bastante cruel, porque conduce an ese fin, a la salud del universo, es decir, al bienestar y el bienestar de Zeus. Porque él no 'enviaría' esto an uno, si no fuera por el bienestar del conjunto, no más que cualquier principio viviente que puedas elegir 'envía' cualquier cosa que no sea apropiada a lo que se rige por ella. Por lo tanto, hay dos razones por las que debéis estar contentos con lo que os sucede: en primer lugar, porque fue para vosotros lo que sucedió, para vosotros se ordenó y para vosotros se relacionó, un hilo de destino que se remonta a las causas más antiguas; en segundo lugar, porque lo que ha llegado a cada uno individualmente es una causa del bienestar y de la realización y en verdad misma de la continuidad real de lo que gobierna el Todo. Porque el Todo perfecto se mutila si se corta la menor parte del contacto y la continuidad tanto de sus causas como de sus miembros; y esto lo hace hasta donde en usted se encuentra, siempre que esté desafectado, y en cierta medida lo está destruyendo.

No os disgustéis, no os rindáis, no os impacientéis si no lleváis a cabo una conducta enteramente basada en todos los detalles sobre los principios correctos; pero después de una caída regresad de nuevo, y alegraos si la mayoría de vuestras acciones son más dignas de carácter humano. Amad aquello a lo que volvéis, y no volváis a la Filosofía como an un maestro de escuela, sino como un hombre con los ojos doloridos a la esponja y al bálsamo, como otro an una cataplasma, otro an una fomentación. Así demostrarás que obedecer la Razón no es una gran cosa, sino que encontrarás descanso en ella. Recordad también que la filosofía no quiere otra cosa que la voluntad de vuestra propia naturaleza, mientras que vosotros deseabais otra cosa no acorde con la naturaleza. ¿Qué hay más dulce que este acuerdo? ¿No nos supera el placer sólo por la dulzura? Pues bien, ved si la magnanimidad, la libertad, la sencillez, la consideración por los demás, la santidad no son más dulces; pues ¿qué es más dulce que la propia sabiduría cuando se tiene en cuenta la corriente ininterrumpida en todas las cosas de la facultad de entendimiento y conocimiento?

Las realidades están tan veladas, se podría decir, a nuestros ojos, que no pocos y no insignificantes pensadores las consideran incomprensibles, mientras que hasta los estoicos las consideran difíciles de comprender; y todo nuestro asentimiento a las percepciones es susceptible de alterarse. Porque, ¿dónde se encuentra el hombre infalible? Pasad, pues, a los objetos de experiencia, cuánta duración, cuán baratos, y capaces de estar en posesión del bestial, la ramera o el bandido. Luego pasad a los personajes de los que viven con vosotros, incluso los mejores de los cuales es difícil sufrir, por no decir que es difícil para un hombre incluso soportarse a sí mismo. En tal niebla y suciedad, en tan grande torrente de ser y tiempo y movimiento y cosas que se mueven, lo que puede ser respetado o ser en conjunto el objeto de una búsqueda seria no lo veo. Al contrario, hay que consolarse esperando la liberación de la Naturaleza, y no irritarse ante las circunstancias de la demora, sino encontrar reposo sólo en dos cosas: una, que no me suceda nada que no esté de acuerdo con la naturaleza del Todo; la otra, que esté en mi poder no hacer nada contrario a mi Dios y a mi Espíritu interior; porque no hay nadie que me obligue a pecar contra esto.

¿Para qué estoy empleando mi alma? Siempre se debe hacer una pregunta y considerar: "¿Qué poseo en la parte gobernante que los hombres denominan y de quién soy el alma en este momento?" ¿De un niño, un chico, una mujer, un dictador, un animal tonto, una bestia peligrosa?

Si un hombre cree en la existencia de bienes reales como la sabiduría, la templanza, la justicia y la fortaleza, no podría seguir escuchando el proverbio popular sobre los "bienes en cada rincón", porque no encajaría con los que tiene en mente. Pero con lo que a la mayoría de los hombres les parecen bienes en su mente, escuchará y aceptará fácilmente lo que el poeta convencional llama "bienes en cada rincón".

Estaba hecho de una sustancia formal y otra material; y de éstas ninguna pasará a la nada, como tampoco ninguna llegó an existir de la nada. Por lo tanto, cada parte de mí se le asignará su lugar por el cambio en alguna parte del Universo, y de nuevo en otra parte del Universo, y así sucesivamente hasta el infinito. Por un cambio similar mis padres y yo llegamos an existir, y así sucesivamente an otra infinidad de regres

La razón y el método de razonamiento son habilidades suficientes para sí mismos y sus propias operaciones; por lo tanto, parten de su principio apropiado y proceden a su fin propuesto; por lo tanto, los actos razonables se llaman actos correctos, para indicar la rectitud de su camino.

Si alguna de estas cosas se hubiera dado al hombre como su porción, no habría sido su porción despreciarlas y resistirlas, y el fin del hombre no reside en ellas, y ciertamente no en el bien que es complementario a su fin, porque no son requisitos del hombre, ni la naturaleza del hombre los profesa, ni son logros de la naturaleza del hombre.

Debido a que tu mente está influenciada por tus pensamientos repetidos, tu mente será similar an estas, ya que el alma está impregnada de ellas. Manténla en una serie de pensamientos similares an estos: por ejemplo, si se puede vivir en un palacio, también se puede vivir bien allí.

Es una locura perseguir lo imposible, pero es imposible que los hombres malvados no hagan estas cosas.

¿No es extraño que la ignorancia y la complacencia sean más fuertes que la sabiduría? La misma experiencia le sucede an otro, y él no se arrepiente y permanece ileso; ya sea porque no se da cuenta de que ha sucedido o porque exhibe la grandeza de su alma.

Las cosas como estas no pueden tocar el alma en lo más mínimo: no tienen ninguna vía de acceso al alma, ni pueden girarla o moverla; sólo ella gira y se mueve, y hace que lo que se le somete se parezca a los juicios de los que se considera merecedora.

En una relación, el hombre es la criatura más cercana a nosotros, siempre que debemos hacerles el bien y sufrirlos. Sin embargo, cuando son obstáculos para mis deberes particulares, el hombre se convierte en algo indiferente para mí, tanto como el sol, el viento o la bestia dañina. Con esto se puede obstaculizar alguna acción, pero no son obstáculos para mi impulso y disposición, ya que mi entendimiento adapta y altera cada acción.

Reverenciar el poder soberano sobre todo en el Universo; esto es lo que usa todo y lo ordena todo; de la misma manera, reverenciar el poder soberano en ti mismo; esto es similar an eso, porque también esto es lo que usa el resto y rige tu forma de vida.

Si algo no daña a la ciudad, tampoco daña a los ciudadanos. Por lo tanto, si no daña a la ciudad, no debe enfadarse, sino señalar al que la daña lo que no ha visto.

Porque la sustancia es como un río en constante flujo, sus actividades están en constante cambio, sus causas en innumerables variedades, y hay poco de lo que se detiene, incluso lo que está cerca; moren también en el infinito golfo del pasado y del futuro, donde todas las cosas se desvanecen; ¿cómo no es un tonto que se hincha o se distrae o lo toma a duras penas?

Recordad la totalidad de la sustancia de la que tenéis una parte muy pequeña, todo el tiempo, de la que se ha determinado la anchura de un pequeño cabello, y de la cadena de causalidad de la que sois un eslabón muy pequeño.

Que lo vea; tiene su propia disposición y actividad; ahora tengo lo que la Naturaleza Universal quiere que tenga, y hago lo que mi propia naturaleza quiere que haga.

Ved que la parte gobernante y soberana de vuestra alma no se desvíe por el movimiento suave o roto de la carne, y que no se mezcle con ella, sino que se circunscriba y limite esos afectos dentro de las partes (corporales). Pero cuando se difunden en el entendimiento a través de esa otra simpatía, como debe ser en un sistema unido, entonces no debes tratar de resistir la sensación, que es natural, pero la parte gobernante no debe por sí

"Vive con los dioses". Sin embargo, vive con los dioses y constantemente exhibe su alma an ellos, satisfecho con su dispensación y haciendo lo que la deidad, la parte de sí mismo que Zeus ha dado a cada hombre para protegerlo y guiarlo, quiere. Esta deidad es la mente y la razón de cada hombre.

¿Te molestas por el individuo cuyo aliento tiene autoridad? ¿Cuál será el beneficio de tu ira? Su boca y sus axilas están sucias; existe una conexión necesaria entre los efluvios y sus causas. Sin embargo, la criatura tiene razón y puede comprender por qué es dañino si se detiene a pensar. ¡Oh bendito seas! Además, tienes razón. Deja que la postura razonable se mueva hacia la postura razonable. Señalalo y recuérdalo, ya que si escucha, lo curarás y la ira será inútil. Eres tanto actor como prostituta.

Podrás sobrevivir en este mundo de la misma manera que planeas hacerlo cuando te vayas; sin embargo, si no te lo permiten, debes abandonar esta vida, pero como si no tuvieras un destino desfavorable. Soy sacado de la habitación mientras la chimenea echa humo. ¿Por qué consideras que esto es importante? Sin embargo, aunque no haya razón para expulsarme, sigo siendo un inquilino libre y nadie me impedirá hacer lo que quiera, y haré lo que sea razonable y social.

Todo tiene una mente social. Es cierto que ha hecho a lo más bajo en beneficio de lo más alto y ha establecido relaciones entre los más altos. Ya veis cómo ha subordinado, coordinado y asignado a cada uno lo que le corresponde y puesto de acuerdo a las criaturas gobernantes entre sí.

¿De qué manera has conocido hasta ahora a los padres, hermanos, esposas, hijos, amos, tutores, amigos, conexiones y sirvientes? ¿Has mantenido relaciones con todos los hombres hasta ahora sin haber trabajado ni expresado nada ilegal a nadie? Recuerda lo que has experimentado y lo que has tenido que soportar; la historia de tu vida está escrita y tu servicio está hecho. ¡Cuántas cosas hermosas se han descubierto, cuántos placeres y dolores has despreciado, cuántas ambiciones has ignorado, cuántas personas poco amables has tratado con amabilidad!

¿Por qué las personas ignorantes e incultas confunden el conocimiento y la enseñanza con los hombres? ¿Cuál es el alma que posee el conocimiento y la erudición? La que conoce el principio, el fin y la razón que informa toda la sustancia y gobierna el Todo de acuerdo con los ciclos designados a lo largo de toda la eternidad.

En cuánto tiempo, cenizas o una anatomía desnuda, un nombre o incluso no un nombre; y si es un nombre, un sonido y un eco. Y todo lo que se valora en la vida es vacío, podrido y mezquino;

perros que se muerden unos an otros, niños pequeños que pelean, ríen y luego pronto lloran. Y fe, respeto a sí mismo, derecho y verdad

Desde la extensa tierra, llegó al Olimpo.

¿Qué lo mantiene aquí si los sentidos están siempre cambiando y sujetos an impresiones falsas, si el alma es una exhalación de sangre y una buena reputación en tales condiciones de vanidad? ¿Qué vamos a decir? Esperad en paz, ya sea para la desaparición o para un cambio de régimen; y hasta que llegue su momento adecuado, ¿qué es suficiente? ¿Qué hay más que adorar y bendecir a los dioses, hacer el bien a los hombres, soportar y abstenerse; y, para todo lo que está dentro de los límites de la mera carne y el espíritu, recordar que esto no es suyo ni de su poder?

Si eres capaz de seguir el camino correcto, si eres capaz de pensar y actuar adecuadamente, siempre tendrás una marea favorable. Estas dos cosas son comunes al alma de Dios y al alma de toda criatura razonable: no someterse al impedimento de otro, encontrar su bien en el acto y la disposición recta, y terminar su deseo en lo que es justo.

¿Por qué me preocupa esto si no es mi maldad ni una acción que surge de mi maldad, y si el Universo no está dañado? ¿Cuál es el impacto negativo en el universo?

Ayudad a los hombres como mejor podáis y como se merecen, aunque su pérdida sea de algo indiferente, no os dejéis llevar por la imaginación que sólo ve la superficie. No creáis que la pérdida sea una lesión, ya que ese hábito es malo. Debéis actuar de la misma manera que el anciano que, cuando se fue, solía pedir el tupé de su hijo adoptivo, pero nunca olvidó que era un tupé. Y así expresas tus pesares en el púlpito. ¿Has dejado de pensar en el valor de estas cosas, amigo? Aunque entiendo, son cruciales para aquellos que experimentan sufrimiento. ¿Por eso deberías comportarte de manera absurda también?

Hubo un tiempo en el que yo era el favorito de la fortuna, donde y cuando me visitaba. Sí, pero ser el favorito de la fortuna significaba asignarse la buena fortuna an uno mismo; la buena fortuna significa buenas disposiciones del alma, buenos impulsos y buenas acciones.

Meditación Y Atención Plena

Es fácil caer en un patrón de pensamientos locos (pensar en una lista de compras de cosas que realmente deben hacerse, reflexionar sobre eventos pasados o posibles situaciones futuras), y aprender la atención plena puede ayudar. No obstante, ¿qué significa exactamente la atención plena?

Se puede definir como un estado de ánimo que implica estar completamente concentrado en "el ahora" para que pueda reconocer, aceptar y aceptar sus pensamientos, emociones y sentimientos sin juzgar. La meditación de atención plena es una forma de entrenamiento mental que te enseña a reducir la velocidad de los pensamientos acelerados, dejar de lado los sentimientos negativos y calmar tanto tu mente como tu cuerpo.

Aunque hay una variedad de enfoques diferentes para la meditación de atención plena, la práctica de la respiración y la conciencia del cuerpo y la mente son componentes comunes. Para practicar la meditación de atención plena, no es necesario ningún accesorio ni preparación. A menos que disfrute de usar velas, aceites esenciales o mantras, no son necesarios. Para comenzar, todo lo que realmente necesita es un lugar cómodo y agradable para sentarse, tres a cinco minutos de tiempo libre y una mentalidad libre de juicios.

¿Cómo comenzar?

Aprender la meditación de atención plena es tan fácil como comenzar sola, pero un maestro o programa también puede ayudarlo a comenzar, especialmente si lo está haciendo por motivos de salud. Para comenzar, siga estos pasos básicos.

Reserva un tiempo para meditar.

Haga todo lo posible para encontrar un momento cada día para practicar la meditación de atención plena, ya sea que configure su alarma 30 minutos antes de que los pequeños se levanten o reserve tiempo para relajarse unos minutos justo antes de acostarse. Y si la vida te impide avanzar, no te estreses; solo inténtalo de nuevo mañana.

sentirse a gusto

Ve an un lugar tranquilo donde te sentirás cómodo. Siéntese en el suelo o en una silla con la cabeza, el cuello y la espalda rectos pero no rígidos. Para no distraerse, también es útil llevar ropa cómoda y holgada.

Considere un cronómetro.

Un temporizador (preferiblemente con una alarma suave y suave) puede ayudarlo a concentrarse en la meditación e ignorar el tiempo, eliminando cualquier excusa para detenerse y hacer cualquier otra cosa, aunque no es realmente necesario.

También puede asegurarse de que no estés meditando por mucho tiempo porque muchas personas pierden la noción del tiempo mientras practican la meditación. Además, después de la meditación, asegúrese de levantarse lentamente para tomar conciencia de su estado actual.

Concentre su atención en la respiración.

Observa cómo el aire entra y sale de su cuerpo mientras respira. El aire entra por tus fosas nasales y sale de tu boca mientras tu estómago sube y baja. Observa cómo cada respiración cambia y es distinta.

No ignores ni minimices los pensamientos que surgen en tu mente. Manténgase tranquilo y use su respiración como ancla.

Descansa.

Si se deja llevar por sus pensamientos, ya sea por preocupación, miedo, ansiedad o esperanza, observe dónde fue su mente, sin juzgar, y simplemente vuelva a respirar. Si esto sucede, no seas severo contigo mismo; la práctica de la atención plena implica volver a la respiración y reenfocarse en el presente.

Descargar un programa.

Considere descargar una aplicación (como Calm o Headspace) que ofrece meditaciones gratuitas y le ofrece una variedad de herramientas para ayudarlo a concentrarse a lo largo del día si tiene problemas para practicar la meditación de atención plena por sí mismo.

Meditación en la vida diaria

A medida que practica la meditación de atención plena, es beneficioso descubrir formas de incorporar la atención plena a su vida diaria, especialmente cuando la vida está demasiado ocupada para dedicar un minuto a la soledad. Aunque la meditación de atención plena es una estrategia, las actividades y tareas de la vida diaria ofrecen muchas oportunidades para practicarla.

Monahan dice que puede hacer la mayoría de las cosas con atención plena. Ella afirma que practicar la atención plena es cuando se concentra en el momento presente y en lo que está haciendo o experimentando. Esto no solo mejora la actividad o experiencia actual en la que estás involucrado, sino que también te permite estar presente en este momento en lugar de retroceder al pasado o al futuro.

Para cepillarse los dientes, mantenga los pies en el suelo, use el cepillo en tu mano y mueve el brazo arriba y abajo.

Lavar los platos: experimente la sensación visceral del agua tibia en sus manos, la apariencia de burbujas y el sonido de las cacerolas golpeando en el fondo del fregadero.

Lavar algo de ropa: Tenga en cuenta el tacto de la tela y el olor de la ropa limpia. Mientras dobla la ropa, agregue un componente de enfoque y cuente sus respiraciones.

Conducir: apague la radio o ponga algo relajante, como música clásica, imagine que su columna vertebral crece, encuentre el punto medio entre relajar las manos y agarrar el volante con demasiada firmeza y devuelva su atención a donde usted y su automóvil se encuentran en el espacio cada vez que vea que su mente divaga.

Ejercicio: mientras camina, deje de mirar la televisión y concentre su atención en la forma en que respira y en el espacio que ocupan sus pies.

Para preparar a los niños para ir a la cama, bájese al mismo nivel que sus hijos, busque en sus ojos, escuche más de lo que habla y aprecie cualquier acurrucamiento. Ellos también lo harán si te relajas.

Es probable que tengas muchas preguntas sobre cómo funciona, cómo puede ayudarte y qué hacer si parece que no puedes estar "en el ahora", especialmente si eres nuevo en la meditación de atención plena. Aquí hay algunas respuestas a preguntas comunes que se deben tener en cuenta.

¿Qué ventajas tiene la meditación de atención plena?

La práctica regular de la meditación de atención plena beneficia su salud física y mental, incluido el manejo de la ansiedad, la tensión, la depresión, los trastornos del sueño, los problemas de relación y las adicciones alimentarias.

¿Cuánto tiempo y con qué frecuencia debo dedicar a la práctica?

El objetivo es hacer que la meditación de atención plena sea una práctica regular; esto no significa necesariamente que tenga que hacerlo todos los días. Según los estudios de neuroimagen, meditar de tres a cuatro veces por semana puede tener grandes beneficios, y meditar con frecuencia durante ocho semanas realmente cambiará el cerebro.

Aunque algunas personas meditan por periodos más largos, incluso un par de minutos al día puede tener un impacto significativo. Comience con una sesión de meditación breve de cinco minutos y aumente la cantidad de tiempo en diez o quince minutos hasta que se sienta cómodo practicando la meditación durante media hora a la vez.

¿Qué ocurre si no puedo controlar mis pensamientos mientras medito?

La buena noticia, según Megan Monahan, autora de "Don't Dislike, Meditate", es que la meditación no se trata de detener tus pensamientos. Nos tranquiliza diciendo: "Mientras tengas pulso, tendrás algunos pensamientos".

Monahan explica que es casi como si estuvieras escuchando una discusión en la que no estás involucrado. Y cuando notas que te has enfocado en los pensamientos de tu mente, en los ruidos que te rodean o en las sensaciones físicas, encuentras el camino de regreso a tu punto de enfoque.

¿Cuánto tiempo tomará hasta que se noten cambios?

Monahan dice que cuando comience a practicar la meditación, se sentirá como "sentarse y no hacer absolutamente nada". Empieza a buscar los beneficios de la meditación en tu vida porque se muestran más allá de tu meditación. Este es un ejemplo: si presta más atención an escuchar a su pareja, puede volverse más cercano a su relación.

Monahan afirma que una de las mejores formas de ver esos beneficios es comprender la razón detrás de la meditación. Si considera lo que lo motiva (como estar menos estresado, dormir mejor, desarrollar más amor propio, etc.), será mucho más sencillo mantenerse comprometido con la práctica y notará más rápidamente cuándo los beneficios se manifestarán en su vida fuera de la práctica.

Claramente, la vida puede ser difícil. Tal vez su hijo pida ayuda mientras lava los platos o una situación de tráfico complicada sugiere que debe concentrarse aún más en la carretera.

Pero aprovechar al máximo las oportunidades diarias cuando están disponibles para usted puede ayudarlo a desarrollar una práctica de atención plena más constante. Solo unos minutos de estar presente pueden ser muy beneficiosos, incluso si no se está sentando durante media hora todos los días.

La Devoción A La Meditación

Una de las formas más fáciles de concentrar nuestra mente y evitar su dispersión es repetir sonidos sagrados (mantras) como objeto de concentración a la hora de meditar.

Al principio, solo notamos que nos relajamos. Disfrutaremos de sus poderosos poderes cuando conectemos nuestro corazón al mantra.

Al practicar meditación con regularidad, nuestra mente se tranquiliza, lo que nos ayuda a vivir una vida más sana y equilibrada, además de aumentar nuestra capacidad de entendimiento, que se vuelve más sutil y profunda.

Incluso nuestra mente se vuelve más positiva y feliz, lo que hace que nuestra meditación sea cada vez más agradable. La práctica regular de la meditación nos ayudará a comprender más claramente la conexión entre el mantra y nuestro corazón.

En la meditación mántrica, solo incorporaremos nuestro corazón. En caso contrario, será superficial.

La meditación devocional, también conocida como meditación saguna, que estudiamos en el capítulo anterior, trata de visualizar la forma de un aspecto de Dios, del absoluto, repitiendo su nombre delante de un mantra devocional o saguna, lo que nos permite conectarnos con él.

Una de las seis ramas principales del yoga es el bhakti yoga, que representa el camino del amor completo o devoción a Dios, o Ser divino. El

La doctrina "Amar es Dios y Dios es Amor" es la base del bhakti yoga.

Bhakti significa amor y devoción a la divinidad.

El yoga de la devoción, el amor divino y la emoción religiosa se practica mediante una exclusiva e intensa adhesión an un objeto amado, nishtha, sin la cual ningún verdadero amor puede surgir. Convirtiendo las emociones en devoción, su práctica siempre comienza, continúa y termina en el amor. El bhakti yoga utiliza la devoción como una herramienta para aumentar la conciencia y la autorrealización.

La comunidad Hare Krishna popularizó el yoga devocional, también conocido como bhakti yoga, en Occidente en 1970.

Los mantras saguna están relacionados con el bhakti yoga, que transforma las emociones comunes en amor universal.

Convirtiéndonos en uno con ella, desarrollamos nuestra devoción en una cualidad divina.

Decidimos la forma divina que queremos y también decidimos cómo queremos relacionarnos con ella: Dios puede ser nuestro Padre, Madre, Amigo, Señor, Niño Divino o Ama Divina.

Se considera a Dios como el Señor de su Universo (Ishvara) debido a su triple acción de Creador (Brahma), Preservador (Vishnu) y Destructor (Shiva), antes de recrearse. La Madre Divina también se representa como el poder creador. La mayoría de las veces, el poder preservador se vuelve a manifestar en la forma de una encarnación divina sobre la Tierra con el fin de restaurar la equidad y mantener la armonía. Jesús, Krishna y Buda se ven como encarnaciones, y el cristianismo sirve como ejemplo del camino del bhakti yoga.

El señor Shiva simboliza el poder transformador o destructivo, y su danza cósmica representa el movimiento constante y la danza de la energía del universo que se transforma y se destruye para volver a crearse.

Los rituales de ofrendas de flores, el arati (una ceremonia en la que se ofrece una llama de fuego en el sitio de la meditación mientras se recitan mantras para purificar el lugar) son ejemplos de prácticas que fomentan la devoción además de los mantras. El arati generalmente se realiza al finalizar la meditación si se realiza en el lugar habitual, pero si se realiza en un espacio nuevo debido an un viaje, se realiza al principio. Después de meditar más, descubriremos que es importante limpiarnos a nosotros mismos y los lugares donde vivimos, o hacer oraciones a la imagen divina que hemos elegido.

Nuestra unión con Dios se fortalecerá con el tiempo. La unión con Dios nos dará mucha alegría y satisfacción, por lo que cada vez dependeremos menos de las relaciones emocionales con los demás para tener paz y felicidad. La verdadera devoción nos ayudará an equilibrar los estrés emocionales de la vida cotidiana y nos servirá como referencia en momentos de incertidumbre.

La mente se dirigirá hacia el corazón, lo que nos facilitará relacionarnos con algo que nos atrae.

El primer paso de la devoción que nos llevará a la esencia divina es meditar en la representación divina que hayamos elegido.

Y al final comprendemos que nuestro Ser interior, que veremos en todas las formas, es la forma elegida. Por lo tanto, una forma no restringe nuestra conciencia, sino que nos conduce an una conciencia global infinita.

La siguiente pregunta surge: ¿Por qué se requiere el uso de una imagen de Dios en la meditación? La respuesta es que se usa para despertar el corazón porque la mente no puede estabilizarse mientras el corazón no está despierto. El proceso de meditación requiere el desarrollo de la devoción.

Los mantras saguna, o bija, utilizan el poder del sonido en lugar de una imagen divina para conectarnos con ella. Los mantras bija son sinónimos de "mantras semilla" o "mantras raíces". Actúan directamente sobre los nadis y no tienen importancia intelectual. Su vibración en los chakras de la espina dorsal funciona como una má

saje sutil, libera bloqueos y permite que la energía kundalini (poder espiritual) fluya más libremente.

Los mantras bija son letras semilla derivadas directamente de los cincuenta sonidos primigenios del sánscrito, al igual que las diversas divinidades son aspectos o cualidades del Ser Absoluto. Aunque suelen tener una sola letra, también pueden ser compuestos.

Cada diosa tiene su propia esencia. Dado que acopian tanto poder, suelen no transmitirse durante la iniciación. Solo aquellos que han alcanzado la pureza pueden practicar con ellos, y su uso se lleva a cabo previamente an unos complejos rituales. Pueden dañar el cerebro si no se repiten correctamente. Solo se debe practicar este tipo de meditación avanzada bajo la supervisión de un maestro (Swami Sivananda).

¿Cómo Podemos Incorporar La Meditación En Nuestra Vida Diaria?

Las personas a menudo experimentan una variedad de circunstancias, lo que los lleva a descubrir una variedad de herramientas que pueden ayudarlos a resolver esos problemas. En otros casos, las personas tienden a buscar estos recursos por curiosidad e intentar aprender sobre aspectos de la vida que posiblemente han pasado desapercibidos en su mayoría por el estilo de vida occidental pero que probablemente encontremos muy comunes en el estilo de vida oriental.

Al tratar de incorporar estas ideas a la vida diaria, nos encontramos con la posibilidad de cuestionar nuestros valores y principios, poniendo en perspectiva la posibilidad de que no sean totalmente correctos, es decir, pensar en la dualidad del bien y el mal, su relación y posiblemente cual es el impacto que esto tiene a nivel personal.

Este cuestionamiento es mucho más profundo cuando iniciamos la práctica de la meditación con determinación porque las emociones, sensaciones y pensamientos pueden aparecer al momento de entrar en calma y buscar la paz, lo que crear un mayor impacto al integrarlo en la vida porque son estos estados de profunda calma los que muchas veces son posibles de acuerdo con la manera de actuar. La meditación no solo se trata de aliviar el estrés o buscar la paz, ya que esto no puede lograrse cuando actuamos de manera inapropiada, recordemos que gran parte de las características de la meditación es que busca valores o emociones que se definen como puras como el amor, la alegría, la paz, la calma y estos estados mentales difícilmente se pueden alcanzar por una persona que actúa con moralidad o mejor dicho el origen de s

Todos los tipos de prácticas o técnicas coinciden en que buscan elevar el estado mental y espiritual al más alto nivel, y esto solo puede lograrse si nuestras acciones y pensamientos están en armonía con una práctica tan pura como esta.

Para profundizar en este tema y porque la meditación está relacionada con las prácticas orientales, hablaremos más sobre el karma y cómo puede ser una fuerza de guía personal y espiritual.

Muchas personas tienen una amplia comprensión de lo que es el karma, que se refiere a la energía que creamos a través de nuestras acciones, pensamientos, palabras y intenciones. Esta energía existe siempre y nos afecta constantemente. Muchas veces escuchamos la frase "mi karma" y pensamos que tiene que ver con una vida pasada, pero lo más probable es que no sea así. Por ejemplo, es difícil creer que todos tienen un pase libre para hacer lo que quieran y que esto se compensará en otra vida cuando no entendemos su significado. En este documento, sugerimos que la idea del karma según el budismo es la mejor forma de integrar la meditación en tu vida porque te ayuda an entender que todo tiene consecuencia basándonos en el presente, en las acciones que realizamos y que comprendemos en este momento, y al estar alerta sobre el karma que existe como consecuencia de nuestras acciones. El karma, por otro lado, no significa que si hago o pienso algo incorrecto, tendré la consecuencia inmediata. En cambio, significa que al intentar hacer lo correcto en cualquier situación, todo lo que la rodea se convertirá en energía positiva o será coherente con mi comportamiento. Asimismo, se crearían energías negativas alrededor de mí si hago algo correctamente, lo que podría ser contradictorio.

He encontrado este tipo de situaciones muchas veces, y es muy común porque hay personas que tienen un sistema de pensamiento en el que cuestionan la vida por las consecuencias o situaciones que viven, es decir, actualmente toman en cuenta su primer impulso o pensamiento, sin tomar un tiempo para meditar y aclarar la mente y los sentimientos. En ocasiones, estas circunstancias se ven afectadas por nuestra misma conducta, lo que genera una acumulación de energías que puede conducir a situaciones que difieren de la comprensión del mismo estilo de vida.

Por ejemplo, una persona que tiende a hablar mal de los demás probablemente no se da cuenta de la energía que está generando alrededor de ella, y lo más probable es que se convierta en una persona solitaria. Este tipo de personas a menudo se quejan por no tener apoyo o amigos, pero al final todo es el resultado de sus acciones.

Una persona que no habla de sus problemas o tiende an ignorarlos y a suprimirlos también puede generar ciertas energías negativas a su alrededor; probablemente no está actuando realmente mal contra otros, pero está haciendo algo que está generando un cúmulo de energías dentro de su cuerpo, lo que muchas veces vemos en personas con dolores corporales o enfermedades, cuando a veces meditar sobre la propia existencia o simplemente buscar la paz interna a través Esto es muy común en las personas que acumulan estrés, lo que puede causar pensamientos nerviosos y problemas de salud. El fenómeno en piases como china es otro ejemplo, donde las personas que tienen trabajos demandantes olvidan analizar su vida y buscar el equilibrio. El tema del suicidio por este tipo de presiones laborales o sociales se ha vuelto un fenómeno en una sociedad donde la vida se puede llegar a volver caótica, cuando la mejor ayuda está dentro de nosotros mismos si nos lo proponemos.

Cuando pensamos en estos ejemplos, analizamos nuestra percepción de la realidad, y a veces esta está equivocada porque creemos que ciertas cosas, como el dinero o lo material, nos traerán paz y felicidad a todo lo que hacemos. Pensamos que tener una casa soñada, un carro lujoso o ropa costosa puede darnos la felicidad, a veces involucramos an otras personas en este camino de la felicidad que consideramos correcto, pero muchas personas desconocen que la felicidad es algo que solo puede encontrarse en nuestro interior.

Muchas veces asociamos este pensamiento de felicidad falsa con alimentar la envidia, la lujuria o el deseo de cambiar nuestro karma con acciones rápidas, pero esto también es incorrecto. Simplemente debemos considerar que debemos actuar, pensar y sentir de manera correcta y prestar atención a cómo esto nos hace sentir y cómo esto afecta y transforma nuestra vida. Esto es lo que realmente vale la pena. En última instancia, el karma es solo una energía que se genera con nuestras acciones y pensamientos actuales, y su impacto en el presente y el futuro cercano de esta vida. No es un sistema de recompensas o depende de todos nuestros errores pasados, sino solo de la energía que genero y de mi autocontrol.

Se puede lograr una verdadera libertad al incorporar la meditación en nuestra vida, lo que nos permite liberarnos de las percepciones erróneas que son el resultado de un estilo de vida más no de un proceso que se alcanza a través de la búsqueda del equilibrio.

No importa lo que haya sucedido en el pasado, lo que suceda hoy aún puede cambiar de acuerdo con las energías que nosotros decidamos emanar, y todos somos libres de decidir cuál será a partir de las acciones que nos definen.

¿Cuál Es El Significado De La Meditación Trascendental?

La Meditación Trascendental (o MT) del Maharishi Mahesh Yogi es un método de meditación profunda y desarrollo de la conciencia que se practica en casa durante unos veinte minutos por la mañana y por la noche. Es para aquellos que deseen aprender a meditar. La práctica es simple, natural y satisfactoria. No se requiere ninguna habilidad especial para aprender la meditación trascendental.

La meditación trascendental es un método alternativo de meditación que busca aquietar nuestros pensamientos. Con frecuencia se presenta como una técnica mental para desarrollar la conciencia. Repetir un mantra dentro es el principio de la meditación trascendental.

El objetivo de la Meditación Trascendental es alcanzar un estado de Ser puro, donde la mente está completamente en reposo, sin pensar, pero manteniendo la atención.

Esta estrategia se basa en un método simple y sin esfuerzo. En este sentido, la Meditación Trascendental no requiere ningún cambio en el estilo de vida porque encaja perfectamente en una vida diaria muy activa.

Espera un momento. ¿Cuál es la definición de "trascendental"? Trascender es llegar an un estado de profundo descanso en el que la mente alcanza una gran calma natural y espontáneamente.

La Meditación Trascendental es una técnica sencilla y natural que se practica dos veces al día durante aproximadamente veinte minutos. No es una religión, una filosofía o un modo de vida específico.

La Meditación Trascendental permite que la mente se calme y se hunda hasta que alcance un nivel de conciencia más tranquilo y tranquilo. La técnica es completamente distinta a cualquier otra técnica porque no requiere concentración ni "dejar la mente en blanco".

La técnica de Meditación Trascendental se puede aprender

independientemente de la edad, profesión o cultura porque es sistemática y universal en su enfoque. No requiere ningún cambio en el estilo de vida, la dieta, la religión o la filosofía.

En todo el mundo, lo han adoptado estudiantes, médicos, ejecutivos, deportistas, amas de casa y jubilados. Su práctica se integra naturalmente en la vida cotidiana y está perfectamente adaptado a la vida profesional.

La Ciencia Investiga Las Ventajas De La Meditación Trascendental.

El método de meditación conocido como meditación trascendental fue creado por Maharishi Mahesh Yogi en 1958 y forma parte de la tradición. Esta práctica se basa en la idea de que la mente se sentiría naturalmente atraída por la felicidad que podría alcanzar a través del silencio y el descanso. Para llegar an este estado de trascendencia, el meditador debe repetir mentalmente un mantra.

Varios estudios previos han sugerido que esta práctica reduce la ansiedad y el estrés. Los efectos funcionales medibles en los cerebros de sus seguidores habituales se muestran en un nuevo estudio publicado.

34 participantes fueron examinados por los investigadores. De estos, 19 siguieron dos sesiones diarias de 20 minutos de meditación trascendental, una por la mañana y otra por la noche, durante un período de tres meses. Los demás continuaron su vida normal. Los científicos también utilizaron cuestionarios psicométricos al comienzo del estudio para evaluar la capacidad de cada participante para manejar situaciones estresantes.

Además, se sometieron an una prueba de resonancia magnética funcional para evaluar la actividad y la conectividad funcional entre diversas áreas del cerebro. Todos los participantes del experimento se sometieron an una prueba adicional de este tipo al final del estudio y tuvieron que volver a completar los cuestionarios.

Resultados: durante tres meses, los participantes que practicaron meditación trascendental todos los días experimentaron una disminución significativa del estrés y la ansiedad. Después de la práctica, el grupo de meditadores reportó una disminución en las puntuaciones psicométricas que reflejaban la percepción de depresión, ansiedad y estrés en comparación con la resiliencia y las habilidades sociales.

Los hallazgos del escáner también revelaron "que los niveles de ansiedad reducidos están asociados con cambios específicos en la conectividad entre diferentes áreas del cerebro, como el precuneus, el lóbulo parietal izquierdo y la ínsula, todos los cuales juegan un papel importante en la modulación de emociones y estados internos".

El hecho de que la meditación trascendental tenga un impacto medible en el "diálogo" entre las estructuras cerebrales involucradas en la modulación de los estados afectivos abre nuevas perspectivas para comprender las relaciones entre el cerebro y la mente.

Al comenzar la práctica de la meditación trascendental, los meditadores notan una mejora en su calidad del sueño. El estrés y el desequilibrio, que provocan la producción y acción de serotonina en el sistema nervioso, están científicamente comprobados que están relacionados con los problemas de sueño.

La meditación trascendental aumenta naturalmente el nivel de serotonina en el cuerpo y reduce el impacto de las hormonas del estrés. Esto tiene un impacto en todas las facetas de la vida, pero, sobre todo, en la calidad del sueño.

La meditación trascendental mejora la calidad del sueño al activar el poder de autocuración de nuestro cuerpo.

Metodología De Meditación Trascendental

La meditación trascendental es un método muy simple de usar. Parece que los mejores momentos para practicar la meditación son durante la mañana hasta el amanecer y durante la noche antes de acostarse. Elige un lugar tranquilo y sin distracciones. Puede ser tu propia habitación. Es un proceso que debe realizarse naturalmente.

Es aconsejable realizar dos sesiones de treinta minutos cada día. No requiere esfuerzo para concentrarse y la intención de controlar la mente es inútil. La mente y el cuerpo se calman naturalmente durante la trascendencia, y el estrés y la fatiga acumulados durante el día desaparecen lentamente.

La mente se dirige hacia un estado de silencio total, una conciencia pura. Para que la meditación trascendental tenga un impacto en su vida, no es necesario cambiar su estilo de vida ni adoptar ninguna religión o filosofía. La trascendencia implica entregarse por completo, tanto en cuerpo como en espíritu, con el fin de alcanzar un estado de felicidad completa.

1. SÉ COMO

Para mejorar la circulación del oxígeno, encuentre un asiento cómodo y párate derecho. Incluso puedes hacerlo acostarte si usas la meditación trascendental para tratar el insomnio.

No se preocupe; no será necesario adoptar una postura en particular. No obstante, opte por un lugar tranquilo y sin distracciones externas, donde es poco probable que lo interrumpan. Para evitar molestias, elija ropa holgada y cómoda.

2. Cerrar la vista

El principio de la meditación trascendental, por supuesto, no se basa en la contemplación ni la visualización; sin embargo, es siempre recomendable cerrar los ojos antes de comenzar el ejercicio. Esto facilita el sueño.

El cierre de los ojos facilita la entrada an un estado de profundo descanso. Relájate respirando sin pensar.

3. Repetir tu mantra.

Los mantras son sonidos, palabras o frases sin significado.

Debido a que ocupan toda su atención, están diseñados para evitar que ocurran pensamientos que distraigan. Esto permite que el cuerpo y la mente se relajen profundamente, lo que conduce an un estado de felicidad y trascendencia.

Para relajarse, comience a repetir su mantra en voz alta o mentalmente. ¿No estás seguro del mantra que debes usar? ¡Empiece con el famoso sonido de "ommmm"!

4. Relajarse

Déjate llevar por todo tu ser para que ya no percibas tu entorno, relájate.

La práctica de la meditación trascendental generalmente se lleva a cabo dos veces al día: una vez por la mañana hasta el amanecer y otra vez por la noche antes de acostarse. La sesión dura veinte minutos para adultos y diez a quince minutos para niños.

No hay más razones para no meditar. La meditación trascendental es simple y rápida. Solo dura 20 minutos y no requiere experiencia en este campo.

¿CÓMO DIFERENCIA LA MEDITACIÓN TRASCENDENTAL DE LA MEDITACIÓN TRADICIONAL?

Esta técnica se diferencia de todas las demás técnicas de meditación debido a la posibilidad de trascender.

Otros métodos incluyen:

La concentración es el control de la mente.

La contemplación es el proceso de enfocar la mente en un enfoque específico.

En consecuencia, la meditación alternativa mantiene la mente activa, lo que dificulta la meditación trascendental. Sin embargo, la meditación trascendental no requiere esfuerzo.

Con esta técnica, no tendrás que controlar ni la respiración ni los músculos. Ni siquiera tendrás que hacer un esfuerzo por relajarte. El proceso de meditación trascendental te ayudará a ser más consciente de tu naturaleza y estado mental. Esto es lo que se conoce como trascendencia.

La meditación trascendental es accesible para todos: todos pueden practicarla. Ya seas adolescente, joven o mayor, es accesible para todos. Una sesión de meditación trascendental es simple, rápida y efectiva. Dura entre quince y veinte minutos como máximo.

La Meditación Trascendental se puede practicar en cualquier lugar. Ya sea en su hogar, en un parque, en un tren o en un avión, es posible practicarla en cualquier lugar. Puede participar en su sesión de meditación sentado y con los ojos cerrados.

Antes de empezar, quiero agradecerle una vez más por tomar la decisión sabia de dedicar parte de su día a sí mismo. Muchos de nosotros nos apresuramos y nos preocupamos por las vidas de los demás. Ya sea un ser querido, un miembro de la familia o incluso un compañero de trabajo, se le permite tomarse cinco, incluso diez minutos de su día para descansar y calmarse.

El capítulo siguiente abordará todos los conceptos fundamentales de la meditación. La gente ha estado practicando la meditación durante años, y aunque parezca fácil, dependiendo de las circunstancias, a veces puede ser más difícil. La práctica lo hará más natural para ti.

Cuando empiezas, es importante ser amable contigo mismo. Puede ser difícil para los principiantes determinar si están "haciendo bien". Te revelaré un pequeño secreto. En realidad, no existe una forma "correcta" de practicar la meditación, ¡y esa es la parte más beneficiosa! ¡Tu meditación es exactamente eso! ¡Estás bien mientras estés contento, cómodo y en paz!

Este capítulo tiene como objetivo prepararte para el éxito. Aprenderás todo, desde estar presente en este momento hasta leer tus propios pensamientos y sentimientos. Al tomar conciencia de estas cosas específicas, estarás en el camino de aprender el bloque de construcción de tu propia práctica de meditación. A medida que aprendas más técnicas de meditación auto guiada, serás capaz de adaptar tu propia práctica a tu gusto y seguir adelante.

Empeza a meditar

Antes de comenzar a practicar la meditación, es fundamental tener una comprensión sólida de los principios fundamentales. La palabra "atención" se menciona varias veces a medida que leas este libro. ¿Qué es la atención plena?

La capacidad de estar completamente presente en cualquier momento es lo que se conoce en términos básicos como atención. Aprenderás a ser consciente de dónde y qué estás haciendo cuando estás atento. Aprender a no reaccionar o abrumarse en una situación dada es una parte importante de aprender estas cosas. Esta puede ser una lección muy difícil de aprender para muchos. Después de todo, somos humanos y estamos llenos de sentimientos. La atención es algo que todos tenemos dentro de nosotros, afortunadamente; simplemente se hace más fácil cuando la practicas diariamente.

La atención es para alimentar tu alma. Muchas personas se preocupan por cuidar su cuerpo físico a través del ejercicio y la nutrición, pero el alma tiene igual importancia. Puede despertar el funcionamiento interno de su estado emocional y mental mediante la meditación. Te encontrarás más saludable de lo que nunca imaginaste cuando estés sano en cuerpo y alma.

Dicho esto, podrás practicar la atención meditando. Algunas personas ven la meditación como un medio para explorar. Al principio, puede sentir que su mente debe ser liberada instantáneamente de cualquier distracción y pensamiento. Lamentablemente, no es tan sencillo como parece. Nuestros cerebros están acostumbrados a funcionar an una velocidad de una milla por minuto, verán. Constantemente está recibiendo nueva información; una parte se almacena y otra entra y sale a la misma velocidad. La práctica es necesaria para aprender a controlar los pensamientos y aliviar la ansiedad constante.

Aprender a meditar cambiará tu forma de pensar. Será una forma práctica de aprender sobre sus sensaciones, por ejemplo. Se dará cuenta del aire que se mueve a su alrededor o incluso de un olor que no había percibido antes al sentarse en una habitación en silencio. Aprenderá a sentir sus emociones y a calmar sus pensamientos con más práctica. Podrás despertar tu curiosidad natural y enamorarte de la experiencia con un acercamiento amable y gentil hacia ti mismo cuando estés más atento.

Cómo ser consciente del presente

Quiero que te tomes un momento para recordar la última vez que estuviste completamente presente en un momento específico. Sabes que estás presente en un momento en el que puedes controlar tu conciencia para ayudar a crear cordura, paz y calma. Solo en este momento puedes conectarte con tu verdadero ser. Hay muy pocas personas que son conscientes del momento presente, pero si practicas la meditación consciente, puedes aprender a disfrutar plenamente cada momento.

Quiero que piense en cómo el momento presente es realmente todo lo que tenemos al comenzar su práctica. La mayoría de las personas simplemente pasan su tiempo preocupadas por el pasado o por el futuro. Cuando pensamos en los momentos de esta manera, ignoramos la belleza del presente y nos perdemos de vivirlo de verdad. A la hora de la verdad, el momento presente es lo más sencillo que podemos tener. Muchas veces vivimos nuestras vidas como si el futuro nos diera más felicidad que el presente. Pero, ¿qué ocurre? Esa felicidad nunca llega con el tiempo. Por lo tanto, es fundamental aprender a ser conscientes y crear nuestra propia felicidad en este momento.

El concepto de tiempo es fascinante; solo existe en nuestras mentes. Muchas de nuestras ansiedades y miedos se han arraigado en nuestras mentes durante mucho tiempo. Debido an esto, tantas personas temen el futuro o viven en el pasado. Se puede aprender a calmar las ansiedades y los miedos que creamos en momentos que ya no existen y que pueden incluso no existir si estamos presentes en este momento. Recuerda que tienes el control de tus propios pensamientos siempre, incluso cuando no puedas controlar las cosas que te rodean.

Para empezar, les pido que respiren profundamente y se concentren en este instante. Recuerden ser amables con ustedes mismos mientras lo hacen. Solo estás observando lo que estás consciente en este momento. No es necesario juzgar o etiquetar ninguna de sus ideas.

Me gustaría que se den cuenta de lo que pueden ver a medida que se concientizan. Ahora están leyendo esta frase, pero ¿qué sucede cuando miran hacia arriba? Toma un momento para observar tu entorno. Quizás esté leyendo mientras está en la cama y observe un techo seguro sobre su cabeza o una fotografía de un ser querido en algún lugar de su habitación. Sea consciente de lo que ve y tome notas suaves sobre las emociones que estas visualizaciones le transmiten.

Luego, ¿qué escuchas mientras estás atento en este momento? ¿Alguien está hablando cerca de ti? ¿Es audible el canto de los pájaros en el exterior? ¿Estás en absoluto silencio donde estás? Respira una vez más profundamente y deja que tus pensamientos fluyan con cada respiración. En este pequeño momento que estás tomando para ti, no hay necesidad de preocuparse por nada. Este libro, tú y la alegría de este momento son ustedes. Recuerda que necesitas absorberlo todo.

Este es el comienzo de la vida consciente al ser consciente de cómo te sientes y cómo te sientes en este momento. Esto rompe las cadenas de estar atrapado en el tiempo al vivir en el presente. Esto te ayudará a sentirte más conectado con tu vida al estar presente. Esperamos que ser consciente pueda traerte paz y vida y te inspire a ser más consciente en tus acciones diarias.

Cómo controlar sus pensamientos y emociones

¿Sabías que puedes tener hasta seis mil pensamientos al día en promedio? Tómese un momento para preguntarse cuántos de esos momentos están relacionados con el pasado o el futuro. Muchas veces, nuestro pensamiento juega como un disco rayado y es habitual. Solo piensa en cuántos de esos pensamientos realmente no son útiles en este momento.

Quiero que consideres tus pensamientos como una conversación interior. Obtendrás la capacidad de elegir cómo piensas en ti mismo a medida que aprendas an estar atento a través de tu práctica de meditación. Al ser más consciente, podrás elegir mejor tu felicidad. Esto es crucial porque los pensamientos impulsan las emociones. En cualquier situación, podrás controlar tus emociones si eres consciente de tus pensamientos y sentimientos. Aprendiendo a no pensar en ello a medida que practiques más, podrás ayudar a controlar el estrés y la ansiedad en tu vida. Tu comportamiento dependerá de tus emociones. Podría sentirse más feliz a medida que reduce la ansiedad. Todas estas cosas solo pueden ocurrir ahora.

Será crucial comprender lo poderosas que pueden ser las emociones cuando empiece a ser consciente de sus pensamientos y sentimientos. Las emociones son reacciones químicas de nuestros cuerpos que dan forma a nuestros pensamientos, comportamientos y creencias. Las emociones sirven como una brújula que nos indica si estamos avanzando hacia nuestras metas y visiones. La razón por la que a menudo nos sentimos exitosos es porque estamos experimentando emociones placenteras o "sentir la comida", como la felicidad, la alegría e incluso la confianza.

Según esa misma teoría, las emociones desagradables muestran hormonas de estrés. Desafortunadamente, hay muchos eventos de estrés que pueden provocar estas sensaciones desagradables, como ansiedad, dolor, vergüenza, culpa e incluso ira. Nuestros cerebros son informados por estas emociones basadas en el miedo que no estamos donde queremos estar en relación con nuestros objetivos y aspiraciones. Ser consciente de las emociones agradables y desagradables le permitirá controlar la situación y cambiar su perspectiva hacia una más positiva.

Afortunadamente, hay muchas formas de tomar conciencia de tus sentimientos y pensamientos. Puede parecer un poco difícil al principio, pero con el tiempo, puedes aprender a mejorar tu vida siendo consciente de tu meditación. El estrés es parte de la vida, pero depende de ti aprender a reaccionar de manera saludable an él. Aprenderás cómo aumentar la felicidad y la alegría en tu vida haciendo esto.

Cómo aumentar la felicidad y el agradecimiento

Una de las principales razones por las que las personas empiezan a meditar es para aumentar su gratitud y satisfacción con su vida. Desafortunadamente, hablar de esto es mucho más sencillo que hacerlo. Es fundamental aumentar la gratitud que tienes si deseas aumentar la energía y el optimismo en tu vida. Puede aprender a ser más agradecido y ser más feliz a través de la meditación.

Reconocer que absolutamente todo en este mundo es temporal es uno de los principales elementos que pueden ayudarlo en su práctica. Cuando comprendes esto, puedes valorar cada aspecto de la vida, ya sea malo o bueno. Puede que quiera pensar en los momentos que han sucedido en su vida o a lo largo de su día al entrar en su práctica. Te invito a permitir que los pensamientos fluyan sin evaluarlos. Reconocer el pensamiento y permitir que pase porque son temporales es todo lo que necesitas hacer.

Cuando empiezas a meditar, también debes dejar que las expectativas que tienes sean realistas. No hay una sola persona en esta tierra que se haya sentado y se haya convertido inmediatamente en un experto en meditación. La cultura en la que vivimos depende de las gratificaciones instantáneas. Con ese factor en mente, el tiempo con frecuencia establece expectativas poco realistas sobre cómo deben ser ciertas cosas, como la meditación.

Para practicar, debes esperar que tu mente parlotee o que tu rodilla rebote de ansiedad. El primer paso es reconocer lo que está sucediendo y tomar medidas para solucionar el problema. Puede relajarse cantando su mantra. Si siente que su rodilla rebota, puede recordarse que es un momento para relajarse y disfrutar de su tiempo.

Tendrás que dejar de perseguir la felicidad si quieres aumentar tu gratitud y alegría en la vida. Quiero que tomes un momento para considerar lo que significa para ti la felicidad. ¿Es una cosa? ¿Es un ser humano? ¿Es algo que careces? ¡Intenta estar agradecido por lo que tienes delante en lugar de perseguir la felicidad! Aprenderás an estar agradecido por el techo sobre tu cabeza, el corazón que late en tu pecho y el aire que entra en tus pulmones a través de la meditación. Solo necesita saber que hay muchas cosas por las que estar agradecido.

Los componentes fundamentales de la práctica de la meditación

Como dije anteriormente, la meditación es una gran práctica porque puede hacerla propia. Antes de comenzar a practicar, debes estar al tanto de cuatro bloques de construcción comunes. Cualquier meditación que elijas debe incluir estos cuatro elementos.

Conociendo los bloques de construcción, podrás comenzar tu práctica.

Ambiente

El entorno en el que practicas es más crucial de lo que piensas. En el tercer capítulo de este libro, aprenderás a crear tu entorno ideal, pero sobre todo, debes elegir un lugar tranquilo con la menor distracción posible. Es mejor estar en una habitación tranquila, pero meditar al aire libre es una forma de conectarse con la naturaleza. No importa donde elijas, debes estar en un lugar que te permita relajarte y concentrarte.

Posición

Siempre te invitaré an elegir una posición cómoda mientras tomas este tiempo para ti una vez que hayas elegido tu espacio para la meditación. Durante diez o veinte minutos, deberás elegir una posición en la que te sientas cómodo. Cuando no hay tensión muscular en ninguna parte de tu cuerpo, te sentirás cómodo. Esto puede distraer y alterar tu estado de conciencia cuando sientes tensión. Aunque debes estar ligeramente alerta, querrás permanecer tranquilo. Asegúrese de que se sienta cómodo cuando esté sentado, con las piernas cruzadas o completamente acostado.

Mantra

Tu mantra o dispositivo mental para practicar la meditación será la siguiente etapa crucial de tu fundación. Puede ayudarlo a concentrarse en la meditación repetindo una frase, palabra o sonido. Tener un mantra te ayuda a mantener el control de tu flujo de pensamiento y puede eliminar gradualmente cualquier pensamiento que te distraiga. Mi consejo es repetir este mantra mientras tienes los ojos cerrados. Como lo mencionamos anteriormente, haciendo esto, puedes refinar tus pensamientos y ser consciente del momento.

Actitud

Tener la actitud adecuada es el último bloque que construirá tu base de meditación. La meditación se hace para curar tu alma a través del amor propio, la felicidad y dejar ir tus miedos y ansiedad. Puede sentirse tonto al principio sentado en una habitación tranquila. Muchas veces tememos estar solos con nuestras mentes. Te exhorto a ser amable con tu mente, con tu cuerpo y contigo mismo. Todas las personas comenzamos en algún momento, y es fundamental aceptar el momento por lo que es y aprender a seguir la corriente. Al comprender tus fundamentos, solo puedes hacer que tu práctica sea más fuerte.

Técnicas de meditación autónoma

Hay varias formas de practicar la meditación por tu cuenta si decides hacerlo, y espero que lo hagas. Al igual que con muchos otros aspectos de nuestras vidas, la meditación funcionará un poco mejor con un plan. Si no tiene tiempo para meditar, anotarlo en su agenda como si fuera una cita importante. Quiero que te recuerdes que hacer esta práctica en tu vida diaria es saludable y que puede mejorar otros aspectos de tu vida. A continuación, enumeraré algunas de mis formas favoritas de aprovechar al máximo la meditación auto guiada.

Recuerda tu justificación.

Al comenzar a meditar, mi primer consejo es que tenga un propósito. El objetivo es lograr la paz interior, pero para aquellos con objetivos a corto plazo, esto puede ser difícil. En lugar de eso, tal vez intente concentrarse en un tema específico como algo estresante o intente dormir mejor. Considere su estado mental antes de comenzar cualquier práctica y concentre su atención en las necesidades emocionales o de salud en las que debe trabajar. Puede adaptar su práctica a lo que su cuerpo y su alma necesitan en este momento si tiene una razón.

estar a tiempo

Escucha esto con atención. Hay un camino estructurado para aprender a ganar la paz interior si quieres desarrollar tu espíritu y tu alma, lo creas o no. La habilidad de vaciar tu mente es realmente algo que se desarrollará con el tiempo al comenzar a practicar. El enfoque en sus objetivos a corto plazo será el aspecto más importante de su práctica. La práctica te ayudará an adquirir las habilidades necesarias para mantener la paz mental. Están presentes, y con el tiempo y la práctica vendrán los demás.

Fecha y lugar

Querrás prepararte para el éxito antes de iniciar tu práctica. Siempre sugiero establecer una cita a la misma hora y en el mismo lugar si desea meditar todos los días. Por lo tanto, tu meditación se convierte en un ritual y puedes comenzar a desarrollar un hábito saludable. Querrás decidir cuánto tiempo quieres dedicar a la meditación y a qué hora del día quieres hacerlo. Será más fácil conectar tu mente y tu cuerpo a través de la meditación si planeas con anticipación. Debido an esto, deseo que seas realista en la práctica. Encontrar un lugar sin distracciones es una cosa, y encontrar ese lugar mágico es otra. Si algo te impide practicar, recuerda ser amable contigo mismo. Recuerden que deben rodar con los golpes, la vida va a suceder.

Después de terminar con estas primeras lecciones, es hora de pasar al siguiente capítulo. En el capítulo dos, descubrirás todo lo que sabes sobre las increíbles ventajas que la meditación puede tener para tu vida. Hay una práctica que será perfecta para ti, ya sea que busques reducir la ansiedad, reducir el estrés o incluso simplemente dormir mejor.

Meditaciones De Gratitud Para Principiantes

Quiero que te pongas lo más cómodo posible una vez que te hayas instalado en tu espacio. Encuentra tu aliento y relájate por un momento. Si has estado trabajando duro todo el día, debes considerar si te sientes productivo. Se requiere energía para comenzar cada día, y estás haciendo un gran trabajo.

Quiero que tomes conciencia de algo en tu vida por lo que estás extremadamente agradecido cuando estés listo. Pensa solo en dónde puedes sentir esa energía en tu cuerpo. ¿Se encuentra en su sonrisa? ¿Está en tu mente? ¿Puedes sentirla en tu estómago o en tu corazón?

Quiero tomar este momento en el tiempo para aprender más sobre todas las cosas por las que estás agradecido en tu vida. Con frecuencia, vamos por la vida queriendo más. Es fundamental sentir gratitud por lo que tenemos en nuestra vida porque nunca sabes cuándo lo perderás.

Al sentir que la gratitud entra en tu conciencia, te permite hundirte y rendirte ante esta emoción. Trate de sentir tu energía y tu cuerpo en este momento con tu objeto o persona en mente. También está bien si parece que nada sucede. Observa cómo te sientes en este momento; no hay necesidad de forzar ninguna emoción o sentimiento.

Quiero tomarme un momento para recordar algunos momentos de tu vida por los que estás agradecido cuando estés listo. Quiero que recuerdes el momento en que te diste cuenta de que estabas respirando. Para algunos, ese momento puede haber sido más reciente. Recuerden que cada flujo de aire les da vida al inhalar y exhalar. Este es un concepto fundamental que siempre puedes apreciar. Tu corazón sigue latiendo con cada respiración.

Siempre puedes agradecer el latido de tu corazón en este momento. Con cada bomba que toma, tu corazón se llena de compasión, amor y paz. Esto es algo que siempre puedes agradecer. Recuerda abrir tu corazón no solo a los demás sino también a ti mismo.

Siempre debes apreciar tu cuerpo. Tienes ojos que te permiten ver en el espejo a tus seres queridos, los hermosos amaneceres, la luna, el sol y a ti mismo. Tienes oídos que te permiten escuchar la música que te gusta, las risas de las personas que te importan y todos los sonidos hermosos que la vida tiene para ofrecer. Tienes una boca que te permite alimentar tu cuerpo y besar a tus seres queridos. Todos estos son simplemente regalos que recibes sin pedir nada. Soy consciente de la luz que emana de ti. Agradezcan su capacidad para vivir y amar a quienes se preocupan por usted.

Fíjese en su cuerpo en este momento con estos pensamientos en mente. Tome conciencia del calor que el amor y la compasión traen a tu corazón y tu alma. Tienes un vínculo único con tu vida. Nunca debes dar nada ni a nadie por sentado. Hay tanto en tu vida por lo que estar agradecido, pero depende de ti saberlo.

Devuelva la conciencia a tu respiración y permita que el calor te llene.

Inspira y exhala con gratitud por todo lo que eres y serás.

Cuando sientas que estás preparado para hacerlo, inhale y exhale suavemente para volver a tu entorno.

Respira profundamente y exhala, y ahora estás preparado para continuar tu día con un estado de ánimo renovado. Recuerda ser amable tanto contigo como con los demás.

Escalera En Cielo

Comenzando con más dificultad

Cualquier empresa requiere una persona con gran coraje y determinación. Incluso si ya has tomado la decisión de que la meditación te beneficiará, miles de problemas surgirán al mismo tiempo. ¿Cómo obtener tiempo, que siempre es insuficiente? ¿Por dónde comenzar? ¿Cuándo se publicarán los resultados? Tu mente se llenó de estas y otras preguntas.

Empezar a meditar implica transformar tu vida. Y tomar la decisión de cambiar la vida siempre es difícil. Como resultado, le sugiero que divida su camino hacia su objetivo en varias etapas. Al principio, solo se ocupará de su cuerpo, luego de su psique y luego deberá elegir el lugar y la hora. Y solo más tarde lo superará trabajando con responsabilidad.

Los errores son posibles si las clases comienzan directamente desde la conciencia (desde el principio). Tome tu tiempo. Esto no es una carrera de 100 metros en la que la primera persona gana. Todo el mundo está aquí en el sentido contrario. En este momento, es mejor seguir el dicho: "Si conduces más tranquilamente, seguirás".

No hay razón para preocuparse por la falta de un mentor experimentado cerca. Encuentra a alguien que te ayude a determinar si se está moviendo hacia el camino correcto. La mejor manera de entrar en un estado meditativo cuando pases a la conciencia es cuidando tu cuerpo; tampoco permanecerá indiferente. El criterio es bastante sencillo: solo debes tener emociones positivas. Si algo te parece incómodo o no te da absolutamente placer, no lo hagas nunca más. Intenta encontrar una forma única.

¿Qué es más importante que el cuerpo, el alma y el espíritu?

Es difícil subir al cielo. La gente tiende a cometer tres errores en el camino. Algunos prefieren el culto del cuerpo, otros el alma y otros el espíritu. Sin embargo, una persona es más que un simple cuerpo, alma y espíritu.

Hay más ejemplos de cómo las personas siguen el ejemplo de su cuerpo para olvidar el alma que suficiente. Conoces a personas que solo se preocupan por comer bien, dormir bien, recoger una belleza para una noche y bombear bíceps para asustar a los transeúntes con su apariencia intimidante. Sus deseos y sueños están encadenados a todo lo terrenal y no están familiarizados con los pensamientos elevados. No tienen fe en Dios, aunque pueden ir a la iglesia con más frecuencia que otras personas. Pero solo van para no molestar a lo desconocido e incomprensible y aumentar su dulce existencia terrosa. Estos materialistas rígidos, dispuestos a medir la felicidad en términos de cantidad. bendiciones materiales Y el éxito de la licenciatura en asuntos.

Es una pérdida de tiempo hablar de valores espirituales con tales personas. Hablar de dinero, relaciones financieras, legales y físicas placeres es algo que no ven significado en tales conversaciones, por lo que tratan de hacerlas comprensibles para ellos.

La gente de la segunda categoría es la que solo cultiva el alma. La comunicación atrae an estas personas para obtener nuevos conocimientos. Ellos son precisamente aquellos que evitan bailar en las bibliotecas durante todo el día, apoyándose en los libros y olvidándose de tomar el desayuno. Pueden olvidarse de la hora del día, leer toda la noche y dormir durante el día como detective. Las experiencias son lo más importante para ellos, ya que alimentan su mente de alguna manera, y lo más importante es llenar su imaginación y experimentar sus sentidos.

La tercera categoría incluye an aquellos que buscan iluminación. Se dedican an alimentar su mente. Estas personas pueden acosarse a sí mismas con publicaciones, seguir varias direcciones de yoga y zen e insultar imprudentemente a la religión. y todo lo que hacen suele ser demasiado. Intentan hacerlo en nuestras circunstancias sociales normales. repetir la hazaña de autotortura de los ermitaños, ignorando lo que puede llevar an una copia imprudente de alguien más.

Estos tres casos son extremos. Sin embargo, cada individuo se inclina hacia uno de ellos. Por lo tanto, antes de comenzar a meditar, te aconsejo que reflexiones sobre tu personalidad. Y considere lo que rara vez pagas. Observa cómo pocos Cuídate de tu cuerpo, alma o espíritu.

La naturaleza humana no se basa en la dicotomía cuerpo-espíritu, sino en la trinidad cuerpo-espíritu-almas. La naturaleza lo creó de esta manera, y todo lo que creó es armonioso. El cuerpo es materia, el espíritu es una chispa de Dios, y el alma (mente, sentimientos) es la conexión entre el cuerpo y el espíritu. Pitágoras describió el alma de sus estudiantes como un alma capturada y atormentada. Uno de sus dos satélites es el que la serpiente estruja en numerosas espirales, mientras que el otro es un genio invisible que es su llamado y la presencia de quién ella solo se siente en el miedo de sus alas. Y a la velocidad de un rayo relámpago, fluctuando en su profundidad.

Entonces, lograr la armonía entre alma, espíritu y cuerpo es el camino del desarrollo humano. Somos humanos, por lo que no podemos ignorar las necesidades de nuestros cuerpos, el alma y el espíritu. Aquí se trata de armonía. desarrollarse en función de las necesidades mutuas. Costos si estas necesidades no se satisfacen adecuadamente Iniciar el estudio y la meditación.

Y hice un cuestionario especial para decidir si necesitas meditación, si puedes disfrutar de sus frutos y las posibilidades que están incrustadas en tu mente dorada. Debes responder a cada pregunta con cuidado: "Sí" o "No".

¿Necesitas ayuda?

¿Estás de acuerdo? Me gustaría hacerlo por ti y por todos los que te rodean.

Es necesario, ya sea que te respetes a ti mismo.

¿Sería lo que haría por ti si fuiste amado?

La felicidad es muy apreciada. ¿Y la juventud?

¿Estás experimentando la gloria o la necesidad?

Necesitas dinero, quieres ser rico

¿Crees que el bienestar de tu familia es una condición normal de vida?

¿Necesita descansar?

Me gustaría saludarte.

¿Cómo podría hacerlo más rápido para cumplir tus deseos?

Deseo que usted ¿Deja una impresión favorable sobre los demás?

¿Te gustaría tener muchos amigos?

¿Te desearía suerte y te acompañaría en todos tus compromisos?

Si por lo menos en el medio de las preguntas responde "Sí", puede continuar leyendo.

Varios tipos de meditación

Los escalones forman la escalera al cielo. Una persona capacitada puede ascenderlo. más rápido: sobre el escalón, pero es poco probable que alguien salte un lapso completo en un instante. La meditación, al igual que la gimnasia, tiene técnicas de ejercicio diferentes que son más difíciles para los maestros y más fáciles para los principiantes. Y el principio de "de lo simple a lo complejo" debe ser la base de sus clases. Recomendaría llevar a cabo todas las técnicas de ejercicio de manera secuencial y detenerse en estados profundos. Sin embargo, no debería comenzar de inmediato con los ejercicios de las cuatro partes de los libros.

La meditación y el deporte son comparables. Si an un principiante en la sección de gimnasia se le pide que haga un salto mortal hacia atrás sobre una barra de equilibrio, se irá inmediatamente a aprender ajedrez o se romperá a sí mismo el cuello. El grado de dificultad de los ejercicios no depende de usted.

Para que puedas ver la "escalera" en la que nosotros Cuando nos levantemos, me gustaría presentarle una estructura de estados meditativos.

De acuerdo con esta clasificación, un cirujano japonés que no prestó atención al terremoto mantuvo la capacidad de practicar vichara samadhi.

Además de esta estructura, abordaremos cuatro secciones de estos libros. Solo hablaré de dos direcciones importantes en este momento:

La meditación de forma se conoce como Samprajnata Samadhi. está basado en asanah, que son posiciones corporales, que incluyen tipos dinámicos de meditación mientras camina, corre, baila, etc., trattak, que son ejercicios de concentración para los ojos (específicamente en la llama de las velas), pranayama, que son ejercicios de respiración, etc.

Asamprajnata samadhi es un resumen de la meditación, que se basa en imágenes, pensamientos y sentidos.

Camino hacia arriba

Por lo tanto, cuando comencemos a practicar la meditación, nos concentraremos primero en el cuerpo, luego en el alma y finalmente en la conciencia. Aprenderás gradualmente su idioma haciendo ejercicios para el cuerpo. A paso lento, cada día. El cuerpo, por supuesto, está sujeto a cambios generales. leyes físicas, pero su lenguaje es muy personal. Lo que funciona para una persona puede no funcionar para otra. Lo que uno ama para otros puede parecer simplemente harina. Por lo tanto, asegúrate de estar atento a las señales que te dan un cuerpo. Algunas sensaciones agradables o desagradables, un sentimiento de comodidad o incomodidad física, hormigueo, ardor, tensión o relajación pueden incluirse. Aquellos que rara vez escuchan deben estar especialmente atentos al lenguaje corporal.

Tendrás que escuchar el lenguaje cuando trabajes con el alma. En este momento, ¿qué consejos puedes obtener? Sus puntos de referencia son el cambio de emociones: mal humor o buen humor, depresión o ligereza, pensamientos depresivos o alegres. Como dije anteriormente, la meditación es un estado únicamente positivo. Si experimenta pensamientos y sentimientos, significa que está haciendo algo mal porque no hacerlo puede empeorar la condición. Relee el libro con cuidado antes de implementar la práctica.

Al comprender el lenguaje de tu cuerpo, tu mente y tu alma, eres más capaz de explorar tu verdadero yo. También comprenderá mejor a los demás. Descubrirá el lenguaje corporal al comprender su propio cuerpo. otro individuo. Entenderás el significado de ciertos gestos y posturas y "sentirás" el nivel de tensión y excitación. Después de entender tu alma, entenderás la de los demás. almas Podrás descubrir los secretos de las experiencias humanas, reconocer los más profundos sentimientos y deducir pensamientos ocultos. La meditación aumentará su perspicacia y empatía.

¿Cuál Es La Definición De Meditación?

La meditación es una forma de entrenar la atención y la conciencia, así como para lograr claridad mental y estabilidad emocional.

Para lograr el objetivo de una mayor atención y estabilidad emocional, la práctica incluye una variedad de técnicas, como la respiración o el movimiento.

Muchos académicos se han esforzado por definir el fenómeno con mayor precisión más allá de esta definición vaga. Esto se debe a que la meditación tiene muchas formas y se integra de manera diferente en entornos religiosos y no religiosos. Examinemos la meditación de cerca.

Clases de meditación.

La meditación enfocada (o concentrativa) y la meditación de

observación abierta son las dos principales categorías de meditación que se han desarrollado desde el siglo XIX.

Cada categoría tiene sus propias ventajas y usos.

El enfoque en una sola cosa es lo que se conoce como meditación enfocada. Las técnicas de meditación concentrada incluyen prestar atención a la respiración, un sentimiento, un koan o una afirmación. El beneficio de esta categoría es que abre tu mente y mejora tu capacidad de concentración.

La meditación de monitoreo abierto es una forma de meditación en la que eres consciente de tu estado y de tu entorno. El beneficio de esta categoría es que, a medida que sus sentidos se agudizan y se vuelven más conscientes de los estados que lo rodean, te llevan a la presente.

Sin embargo, la meditación concentrativa y la meditación de supervisión abierta se combinan en algunas formas de meditación. Samatha y vipassana se utilizan en sus meditaciones.

Es importante enfatizar que el monitoreo abierto y la meditación enfocada son solo dos tipos de meditación. Existe una gran cantidad de técnicas y estilos de meditación dentro de cada una de las dos categorías.

Elementos para la meditación.

La meditación tiene muchas partes. Aunque estos elementos no son necesarios para todas las formas de meditación, suelen hacer que las prácticas de meditación sean más útiles y efectivas, particularmente para principiantes o personas ocupadas.

La atención enfocada es el componente más crucial de la meditación. La meditación es imposible sin este componente. Enfocar tu atención te permite entrenar tu mente y evitar las distracciones. Puede concentrarse en un objeto, cerrar los ojos o recitar una afirmación para concentrarse.

La respiración tranquila es una parte importante de la meditación. La respiración profunda, uniforme e intencional son características de la respiración relajada. Este componente tiene como objetivo tomar más oxígeno, reducir la tensión muscular y beneficiarse de una respiración mejorada.

Encontrar un lugar tranquilo es otro aspecto importante de la meditación, a menos que estés practicando una forma rigurosa. Los lugares tranquilos te ayudarán a concentrarte y escapar mejor de las distracciones.

Algunos meditadores experimentados prefieren ignorar este aspecto para que puedan desafiar sus cuerpos y mentes.

Una posición cómoda también es una opción para meditar. Se debe sentir cómodo mientras practica, ya sea caminando, sentado o acostado. Nunca medita en un lugar doloroso, inseguro o peligroso.

El último componente de la meditación es una actitud abierta. Es imposible meditar sin una actitud abierta, al igual que el elemento de atención enfocada. Este componente te permitirá practicar, desafiarte y desarrollarte sin juzgarte ni ridiculizarte.

Herramientas para meditar

Hemos descubierto que hay varios tipos de meditación. El uso de herramientas es una forma de diferenciar estas muchas técnicas.

Las posturas o asanas son las herramientas de meditación más conocidas. Las asanas se usan para meditaciones espirituales y no espirituales. Pueden incluir posturas de yoga, caminar o completar una tarea con cuidado. Las asanas se utilizan en las clases de yoga para meditar.

Las cuentas de oración son otra forma popular de meditación. En entornos espirituales como el cristianismo, el vaishnavismo Gaudiya, el budismo y el jainismo, las cuentas de oración se utilizan como herramientas de meditación devocional. A medida que se cuenta cada cuenta, el meditador recita un mantra y continúa hasta que se complete toda la mala o cadena de cuentas.

www.ingramcontent.com/pod-product-compliance
Lightning Source LLC
Chambersburg PA
CBHW050359120526
44590CB00015B/1750